世纪波
Century Wave

我的HR职场操作指导书

李远婷 著

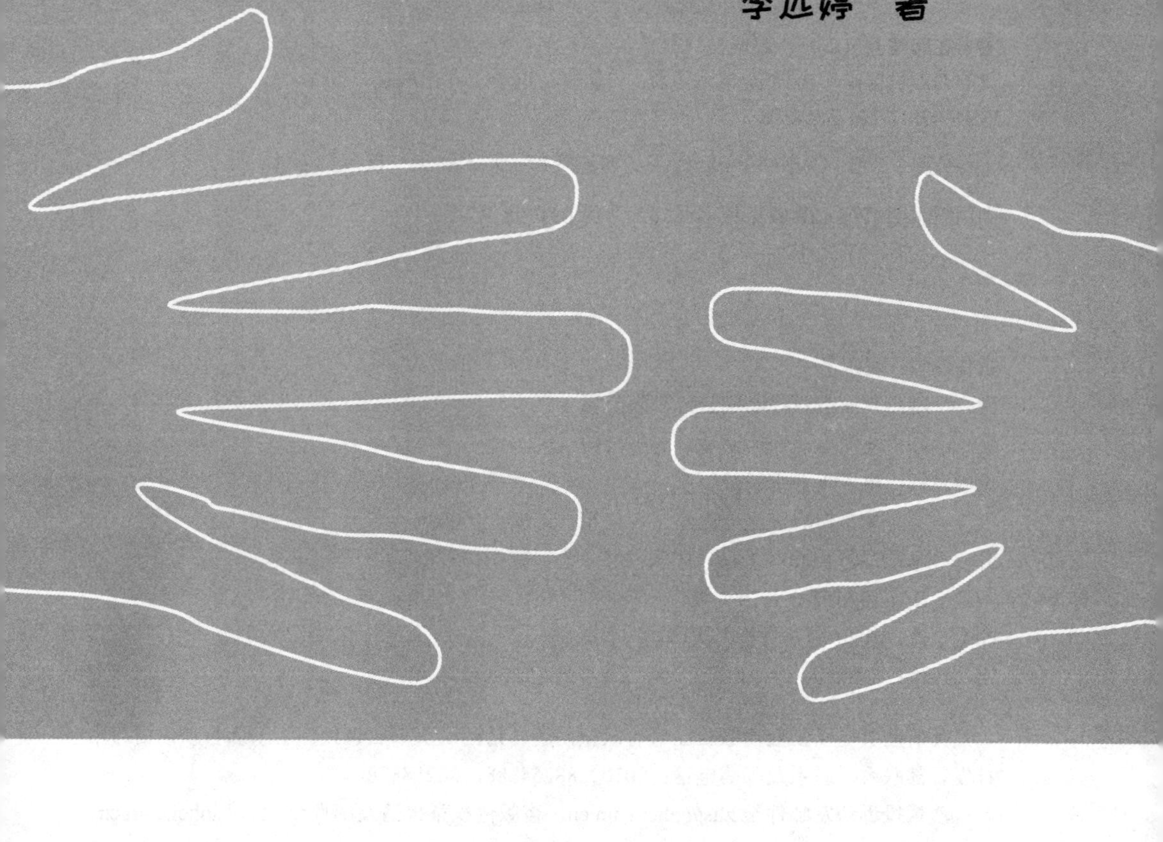

電子工業出版社
Publishing House of Electronics Industry
北京·BEIJING

图书在版编目（CIP）数据
我的 HR 职场操作指导书/李远婷著. —北京：电子工业出版社，2020.6
ISBN 978-7-121-38543-8

Ⅰ. ①我…　Ⅱ. ①李…　Ⅲ. ①人力资源管理－基本知识　Ⅳ. ①F243

中国版本图书馆 CIP 数据核字（2020）第 031798 号

责任编辑：吴亚芬
印　　刷：三河市双峰印刷装订有限公司
装　　订：三河市双峰印刷装订有限公司
出版发行：电子工业出版社
　　　　　北京市海淀区万寿路 173 信箱　邮编：100036
开　　本：720×1 000　1/16　印张：13　字数：206 千字
版　　次：2020 年 6 月第 1 版
印　　次：2020 年 6 月第 1 次印刷
定　　价：59.00 元

凡所购买电子工业出版社图书有缺损问题，请向购买书店调换。若书店售缺，请与本社发行部联系，联系及邮购电话：（010）88254888，88258888。

质量投诉请发邮件至 zlts@phei.com.cn，盗版侵权举报请发邮件至 dbqq@phei.com.cn。

本书咨询联系方式：（010）88254199，sjb@phei.com.cn。

本书好评
PRAISE

这本书对大量的真实职场案例进行了全面细致的答疑解惑，对提高读者的工作能力有极强的帮助。这本书不但是从事人力资源工作的各级人员的参考书，更是广大职场人士提升职场综合素养的重要参考书。

——李志勇

网名秉骏哥，《人力资源管理从新手到总监：高频案例解答精选 1》《人力资源管理从新手到总监：高频案例解答精选 2》作者

时代的快速进步带来了管理的快速迭代和职场焦虑。面对这些你没有选择，唯有强大自身。每当遇到职场难题，你会希望有一个老师，手把手地悉心指导你变强，陪伴你走在蜕变之路上。闻一知十，一书在手，在职场，你还怕什么？

——刘世东

央企下属零部件基地 HRD，三茅人力资源专栏作家，亚太人力资源“百人计划”专家、百度文库认证专家作者，畅销书《人力资源管理实操手册》作者

这本书应用性超强，注重在 HR 工作实践中的问题解决。这本书中的方法独到，观点新颖，并且针对 HR 从业者工作中会遇到的难点进行答疑解惑，是 HR 们的工作宝典。

—— 宋文艳

资深人力资源管理专家，出版过多本人力资源书籍，世界 500 强外企原 HR 经理；武汉越秀公司创始人

这是一本有情有感有温度的职场经典之作，值得夜深人静时候细细品味、时时赏读。这本书将人力资源理论知识与实践操作技巧紧密结合，内容丰富，可读性强。

——杨帆

深圳市宝安区人力资源服务协会秘书长

这是一本集专业性、实操性、可读性于一体的人力资源实战佳作，细细品读，有如涓涓细流直抵心田。这本书中的许多实操案例都给企业管理和个人战略定位带来诸多启发，无论是在专业学习还是个人成长方面都可以为读者提供一定的借鉴。

—— 陈剑波

北科生物副总裁

HR 是企业中不可或缺的关键岗位，如何发挥该岗位的最大价值是我们共同的课题。作者从事人力资源管理工作十余年，对其中的各种“难题”有着切身的体会和独到的见解。这本书值得夜深人静的时候，反复品味，是一本适合职场人看的诚意之作。这本书里有很多值得回味的精彩片段和击中灵魂的感悟。

——黄祥斌

深广人力资源创始人

前言
PREFACE

只有关注自身成长，才可遇见更好的未来

随着市场经济的发展、企业管理理念的进化，企业对人才越发重视。于是，人力资源管理成为管理的重头戏，人力资源战略成为企业的重点战略。

虽然人力资源行业对人、对事的要求越来越高，但随着你的经验增加、能力提升，这块“土地”将是你“化茧成蝶”的“蜕变之地”。

随着移动互联网、人工智能的发展和技术的革新，人力资源行业既有机遇又有挑战。

每一位 HR 都感受到了时代带来的不确定性和压力。在不确定的环境中，HR 可以通过学习，做一个有实力的自己。HR 只有关注自身成长，才可遇见更好的未来。

我想大概很多职场人都希望在成长的过程中有高人指点，而我写本书的初衷就在于此。本书基于一位 HR 秦牧歌在工作中遇到的关键问题和困惑，全方位解答身在职场的 HR 所面临的高频问题，以达到“传道授业解惑”的目的。

秦牧歌自参加工作以来的第一位领导就是我，虽有工作变迁但一直保持联系。她有悟性且很努力，不仅是我看好的一位下属，更是我亲密的朋友。

秦牧歌不仅代表一个人，在她身上还有我们每个人的影子，她所遇到的问题可以代表大多数 HR 或职场人可能遇到的问题。所以，在本书中，会弱化她的年龄、身份背景、所处行业、企业环境，抽取她在工作中遇到的关键问题和困惑，进行针对性的答疑，以期给你启示和解决问题的思路、方法和操作指导。

本书涵盖个人职业生涯规划、关键工作处理、前沿管理理念解读、认知升级、职业化和多途径修炼、培养有价值的能力等丰富的内容，希望能给你的工作带来启发和思考。

书中包含很多人力资源管理的操作技巧和在职场为人处世的观点，既有

理论又有实践，可读性强。

此外，本书针对一些在职场颇有争议的问题，如HR在成长过程中如何处理棘手问题、如何处理在人力资源管理的关键模块遇到的问题、职业生涯应该如何规划等，通过剖析典型关键的事例给出问题解决方案。这些方案有效务实，极易落地，可以使你在享受阅读的过程中解决问题。

因为我一直倡导的是，通过人力资源管理这份工作来修行，达到练技修心、自我成长的目的，所以在本书所提供的问题解决方案中我都将以下思想贯穿其中。

1. 在工作中，刻意训练自己，拥有将简单的动作练到极致的匠人精神

无论是招聘工作还是培训工作都需要通过千百次的练习，才能成为高手。

2. 磨炼心性，挫而不折，成为强者

在人力资源管理工作中总能遇到问题和突发状况，只有坦然面对，拥有强大的内心，积极找到解决方法，才能无惧职场刁难，迎风飞扬。

3. 心怀善意，遇见美好

HR与人打交道最多，因为你并不会经历别人生活中的所有苦痛，所以要学会悲悯，体谅别人，以善心善念去做事。最终，你会发现，一切其实没有那么糟糕，你也会变得更加温暖和幸福。

通过本书，我希望秦牧歌和我曾经的那些所思所想所悟，能够触动你。

希望秦牧歌和我能够在职业发展道路上陪伴你一程，给你力量和信心！

希望在那些职场和人生旅程里，秦牧歌和我留下的“指路标记”能够为你拨开迷雾，指引方向。

总之，过去的经历和经验都会让我们成长。希望本书能使你开启一段不一样的旅程，给你提供方向及思路。

只要你足够努力，用对方法，始终坚持，终将得到岁月的回馈。

李远婷

目录
CONTENTS

CHAPTER 1

第 1 章

定位——做更好的自己

告诉你职业发展的玄机；

让你知道你的职业发展不只有一条路可以选择，还可以有更多的选择。

1.1 是否需要做长期的职业生涯规划

【主题：职业生涯规划】

一般来说，职业生涯规划对每位职场人来说都是非常重要的事情，而且有些成功的人总是将自身的成功归功于“我从小有一个很好的职业生涯规划”这个前提。但是在如今这个时代，科技飞速发展，生活日新月异，很多思维方式和工作模式都发生了翻天覆地的变化，长期的职业生涯规划还有意义吗？

对此，秦牧歌有一系列的疑惑：处于互联网时代，人们还需要做长期的职业生涯规划吗？长期的职业生涯规划过了两年之后会不会就需要调整了呢？如何看待互联网时代的长期的职业生涯规划？

【解惑】

互联网时代，五条建议助你顺流而下

有阅历的职场人其实都非常重视职业生涯规划，但职场新人往往有些不重视，觉得规划有没有无所谓或者可以从头再来，但实际是，有些规划是没法从头再来的。

如今的时代和之前的时代大不一样了，因为之前时代的行业变化没有互联网时代的快，企业或个人一般需要几十年的沉淀才能在行业中有大作为，但互联网时代可能只需要短短几年就有大作为了。

在互联网快速发展的时代，各种科技、技术及观念、潮流都在以前所未有的速度改变着人们的学习、生活和工作方式。

谁能想到风靡全球的手机霸主诺基亚会轰然倒塌，摩托罗拉等手机行业的顶尖公司会朝不保夕，银行及其他传统零售业随时有被电商企业颠覆的风险？以前招高管要求45岁以上，现在40岁都嫌年纪大了……

在互联网时代，优胜劣汰、更新迭代更加剧烈，同时颠覆随时随地都在发生。

变化太快，没有人能准确地知道未来在哪里。人们很难精准地预判未来发展。

如果你固守着一定要制定一个长期的职业生涯规划的想法，那么万一方向错了或与未来的实际情况脱节了，而恰巧你又是一个执着的人，则可能守得越久，损失和代价也越大。这无异于“缘木求鱼”。

人无远虑必有近忧。人要有目标，所以长期的职业生涯规划要做，但是不要使之成为执念。你可以和自己约定将来的自己想成为什么样的人、要有什么程度的成功，有个蓝图愿景即可。

综上所述，长期的职业生涯规划要做，但是更应该重视脚踏实地的短期的职业生涯规划。一般来说，战略上做长期的规划，战术上做短期的规划。

在这个激流勇进的时代，应该顺应时代的潮流，做“互联网+”的自己，并尽可能地做符合自身实际的、期望的职业生涯规划，抓住可抓住的机会，稳扎稳打，实现人生价值的飞跃。

现在决定将来。最有效的事情是把握现在。当下你该做什么？能做什么？要做到什么程度？这是着力的要点。

不应把过多时间浪费在担心和忧虑上，去行动，才能掌控未来。明天的你，一定会感谢今天拼命努力的自己。

你需要想一想会跟五年前和五年后的自己分别说什么。你会对现在的自己满意吗？

一个人怎么过一天，就会怎么过一辈子。

决定你未来走向的，除目标外，最重要的是你的现在、你的今天。

那么今天我们该做什么？怎么做？

以下介绍在如今飞速变化的时代，做职业生涯规划时可参考的五条建议。

1. 顺应潮流，培养自己的互联网思维

互联网时代既已到来，你就坦然接受吧。

新时代，你需要学会并善用互联网的以下五种思维。

1）“小而美、小而快”思维：在做事情的时候，不要贪大图全，而要谨记“小而具体、快而领先”的做事方式。

2）极致化思维：做事专注，把自己的工作做到完美、超乎想象。

3）迭代思维：不墨守成规，敢于打破自己以往的经验，学习新的方式和理念。

4）平台化思维：选择好的平台与之共同发展或把自己、部门打造成服务的平台，实现自己的价值。

5）口碑思维：做对、做好每一件事，善用媒介来打造个人品牌。

总之，不断地学习、不断地创新、主动积极地拥抱改变，会使职业生涯更久远。有些已经成名的人，仍然在不舍昼夜地持续学习，并且十分谦虚。他们认为以往的经验可能是负担，应向年轻人学习，因为学习能让人永葆青春。

2. 认识自己，做自己喜欢并擅长的事情

"互联网+"时代，机会很多。人们常说："三百六十行，行行出状元。"每个行业只要和互联网做连接就会产生新的机会。传统的小商人也有自己的机会，即使卖包子、炒干果有朝一日也能成为网红，获得巨大的成功。

是看什么火热就跟风而上，还是忠于自己，做自己喜欢并擅长的事情呢？选择比努力更重要，对的选择，是成功的捷径。

要想选择对，就需先好好审视和认识自己，想想自己喜欢什么、擅长什么，然后追寻那个适合的方向前进。

在机会多的互联网时代，做自己反而不会迷路，会做得很好，做得长久。可以选择加入行业内优秀的大公司或发展迅速的公司，与之共同发展。而且，往一个方向努力，不断地在一个领域学习和钻研。

此外，注重能力培养。工匠精神和创新精神，必不可少并且尤为珍贵。在这个日新月异、快速奔跑的互联网时代，人们并不缺少创新，但缺少好的、经得起时间考验的、历久弥新的创新。

辛苦耕耘后，时间会给你一个结果。

3. 脚踏实地、认真提升自己的能力，慎重跳槽

认真打磨专业技能、提升理论水平，把工作当成自己成长的通关任务，扎实地掌握关键技能，拓展自己的沟通、协作、人际交往、战略思考、领导等技能，以做更好的自己，拥有独立性和自主性。

互联网时代，年轻人往往心浮气躁、频繁跳槽，这样会让他们的职业生涯越来越糟糕。

从 HR 的角度，建议你脚踏实地，在一家公司至少心无旁骛地服务两年以上，这样才有可能打好基础、摸清门道，了解自己的能力水准，如哪里强、哪里弱。即使跳槽，也要在工作做得很好的情况下跳，或者在能力显著提升以后，为寻找更好的发展空间而跳。

尽可能在了解自身职业发展优劣的情况下，有意识地选择适合自己的方向、平台和岗位。不要为了将就或跟风而轻易换行业或职业，这对职业生涯的影响很大，因为前期不相关的经验将作废，而且经验年限也会缩水，这都会降低个人价值。

你若盛开，蝴蝶自来；你若强大，机会将不期而至。

4. 拥有比竞争对手更快的学习新知识的能力

互联网时代，以往的经验不一定靠得住，而且资历也不完全靠得住，与时俱进的学习能力才靠得住。开放自己，在浩瀚的信息世界里畅游，主动获取更多的资讯，因为信息越多，你的选择会越清晰、明了，越正确。

当你迷茫、不知所措、不知前路在何方的时候，去学习，如看书。学习新的知识，你每天都会是新的自己，并且竞争力会稳步上升。

工作之余，在每个时期给自己安排可以进行的学习和考试，每个时期都让自己有一个学习的小目标。

互联网时代需要适当地掌握跨界融合的能力，不应局限一隅。那些成为人事总监、人力资源总监/主管（Human Resource Director，HRD）并且年薪百万的人往往不再只是单纯地掌握 HR 专业范畴的知识技能，而是还精通市场、战略、品牌等其他某一领域的知识技能。学技术的可以跨界学营销，HR 可以跨界成为咨询师、培训师、顾问、心理咨询师等。懂得越多，对自己的未来也越有把握。

那些学习的知识，以及学习过程中的磨炼会让一个人更加自信，更加强大，更加有安全感。

八小时以外的努力，决定了你的位置。八小时以外，少看肥皂剧、少打游戏，用来学习有用知识吧。你的未来，是你现在的每一分每一秒铺就的。

5. 认真生活、锻炼身体，做一个幸福的人

“从明天起，做一个幸福的人

喂马，劈柴，周游世界

从明天起，关心粮食和蔬菜

我有一所房子，面朝大海，春暖花开

……”

希望你用心生活，感受生活，珍惜身边的朋友和家人，因为这是努力的动力和力量的源泉。生活里的阳光会让你的职业发展更加有动力，朋友和家人的笑容也让这一切有了更多意义。

同时，多锻炼身体。长期高压状态下，你的身体还好吗？

身体倒下，一切为零。希望你重拾运动的乐趣。身体健康，你的气场会更强大，精力更加旺盛，会给你的职业发展带来强而有力的助力。

总之，针对互联网时代的职业生涯规划，从长期而言需要有目标和预期，有一个方向即可，可以在实践中随着外界环境变化而灵活调整。职业发展如何，取决于今天的你如何做。你今天的所作和所为是未来的种子。不要太在意身边的人怎么看、怎么说，要坚持自己的活法。

彭于晏说过：“人生很长，假如都为了别人怎么看的话，会很辛劳，不如面对自己的人生，开心一点。”比起他的努力，我更加喜欢他这种对待努力的态度。

有些人总是喜欢将自己的失败归咎于没有天赋和背景，可他们从来没有看到那些有天赋的人比他们更努力。

当你认可我提的以上这些建议后，要行动起来。行动！行动！行动！一定要坚持！坚持！坚持！重要的事情说三遍。

罗马不是一天建成的，长征也不是一步走完的，只要有恒心，铁杵磨成针。

愿你现世安稳，岁月静好。在时代裹挟中顺流而下。

1.2　如何在资源有限的情况下有效努力

【主题：有效努力】

这是一个风和日丽的下午，秦牧歌在忙完一些简历筛选、面试安排等琐碎之事后，深刻地意识到从人力资源行业底层的专员往经理、总监的位置前进时，困难和阻力重重，因为在职业生涯前期，自身经验往往不足、资历不够，能利用的资源也是有限的。

于是，她问我："做了十多年的 HR，你有哪些印象深刻的努力？有哪些难忘的经历？怎样在资源和条件有限的条件下做最有效的努力？"

借着她的好奇和疑问，我基于做 HR 的多年实践心得和心路历程，以及这一步步走过来的努力和收获，向她分享了三个故事和自己的一些感悟。

【解惑】

在资源有限情况下有效努力的三个故事

——谨以此文献给那些努力的人和那些过去努力的日子

每个人的今天都是由无数个昨天堆积出来的，你今天的付出也决定了你的未来。

在鼓励、安慰别人或者平常聊天的时候，我常跟别人说一句话："不要跟别人说你的过去有多么辉煌，也不要跟别人说你的现在有多么狼狈，因为这些都代表不了你的未来。"

从事人力资源管理工作已十多年，时光如梭，弹指一挥。很庆幸自己选择了这个自己热爱的又十分适合自己的行业。

人们所从事的职业，不仅是一份工作、一份谋生的差事，也不是简单的"做一天和尚撞一天钟"的事情。职业，是岁月给人们的"磨刀石"，通过它可以磨炼心性，磨砺性格，淬炼坚韧不拔、有勇有谋的自己。

故事 1：简单的动作练到极致就是绝招

我现在还记得，多年以前有个做培训的姑娘，在一个规范且安稳的台资企业工作的时候，几乎每天都要做新员工入职培训。就入职培训的内容，反反复复地讲，重复地念。日复一日，任谁都会觉得枯燥和无聊。

但就这样一个简单的工作，她变着花样地练习，通过对语音、语调、肢体动作、表达方式、节奏、表现形式、内容结构、PPT样式等的反复打磨，每次的讲法和展现都不一样，而且时不时会加入她学习的最新讲课技巧。

她用入职培训来训练自己。在培训的时候她近乎痴迷地投入。

不知不觉，几年过去了，她不仅会做新员工入职培训及各个级别的培训项目，而且复制其他课程的能力，以及控场、节奏把握、语言表达能力进步神速。

如果懂得把任何一个简单的工作机会当作自己成长进步的“磨刀石”，不以事小而不为，那么你会发现，你所经历的都在打磨你的心性和提升你的能力。

故事2：没有人监督你的时候，做自己命运的主人

我认识一个做招聘的姑娘，刚毕业入职时，公司里面一开始没有其他工作可以给她做，就把招聘工作丢给她了。

她每天的工作就是筛选简历、电话邀约和面试，这些工作的内容简单又单调重复，周而复始。

当时没有人会在意她这样一个不起眼的小角色。因为没有人监督她的工作，也没有人对她抱有多高的期望，所以她的工作压力不大。她完全可以像前台和行政的职员一样，四处晃晃，聊聊天，打发每一天。

但是，不知道是哪来的力量，这个姑娘每天都忙碌着。她在自己的小屋子里面忙得热火朝天。她每天晚上筛选简历，白天都在打电话，每周有两天的全天面试。她经常逼得自己连喝水的时间都没有。

对于打面试邀约电话这件事，刚开始一天40通电话，后面她给自己规定一天100通；一开始有效邀约电话二十多个，在不断改进方法后，有效邀约电话越来越多；电话量足够多以后，她又尝试提高邀约到场率。

对于工作的每个细节她都在死磕，力图精益求精，而且求精之后还求快。当时，公司的营销部采用的是“电话营销”方式，销售人员靠打电话做销售，而这个做招聘的姑娘的电话量，比隔壁销售人员的都多。她比销售人员还拼！

她是自己跟自己较劲，自己跟自己对战。跟自己博弈，也是其乐无穷。

不需要任何人监督，每天都在使自己变强。她在打电话的时候，盘算着怎样打电话速度更快、效果更好？她甚至通过学习电话客服的说话技巧，练习自己的发声、语音语调和普通话。

后面的发展很神奇。她无师自通地用丹田发声，音质变得唯美，而且普通话的发音吐字都快赶上播音员的水平了。

此外，她的招聘水平也提升了，只要是她安排面试的那一天，前台都被围得水泄不通，热闹非凡。

这样的招聘人员，放在大多数的招聘团队中都是出类拔萃的，因为她的招聘技能是千锤百炼的，并且基本功扎实，于细节处显示高手和普通人的区别。这样的成功，只有自己才能成就，无须别人监督和督促。

故事 3：多花时间成长，少花时间攀比

还有这样一个姑娘，刚参加工作时，虽然工作顺利，但是因资历尚浅，晋升暂时无望。

别人下班后都成群结队地去逛街、玩儿。虽然她也羡慕，但是她忍住了去逛街、玩儿的欲望，一个人在宿舍里背书、做习题，想趁着年轻头脑好，把人力资源管理的相关从业证书考下来，为以后长期的发展打基础。

虽然人力资源管理的工作门槛低，入门容易，但是想做精深并不容易。她小小的年龄，想不了太多办法，只知道先把证书考下来，让自己和别人不一样，有个证据来证明自己也好。

学习是一件辛苦的事情，孤独又无味。人多少都会焦虑和浮躁，但是只要给本书，哪怕是“企业人力资源管理师”的教材，她也能当杂志一样看得津津有味。

“书中自有颜如玉”，每当看书的时候，她就仿佛看到美好的未来和那些星光一般的希望。

她想活出自己的样子，就先要自己具备安身立命的能力和本领。

三个故事讲完，相信大家都会猜到，一些在岁月里拼命努力的不起眼的人，他们现在都应该过得不会太差。

以上这三个故事里会不会有你的影子？以上这些类似场景秦牧歌每天也在经历，反反复复地重演，只是她未必意识到机会就蕴藏在身边的那些“小事”里面。

你是否会在心里想起那个曾经在漆黑的暗夜里一意孤行的自己？

你是否会想起那个曾经熬着夜、红着眼、哑着嗓子、纠结、痛苦、付出很多的那个弱小的自己？

你是否会在心里想起那个无依无靠、把每一次小小的机会当作救命草拼命抓住、试图拼尽全力做到完美的自己？

弃我去者，昨日之日不可留；乱我心者，今日之日多烦忧。如果我说以上这三个姑娘所经历的都是曾经的我所经历的，你又有何感想？

一个小镇的姑娘，一个人在一线城市里打拼。你可能曾经无依无靠，可能曾经一无所有，可能曾经轻如鸿毛。

可能没有人看到你曾经的努力，但是命运从不会亏欠每一次的付出。

没有依靠，实力成了最坚实的靠山反而稳如泰山。

命运对努力的人一直是温柔的。

往日不可追，来日尚可期。以前努力过的你，请享受你的今天；以前错过的，希望你今天开始努力，明天自会得到。

昨日之日不可追，明日之日须臾期。生命不会忘记任何人的努力，希望你们都能得偿所愿。

1.3　好公司和好职位不可兼得该怎么办

【主题：求职选择】

在职场的位置和自己的选择往往是有很大关联性的。

在工作中，经常遇到同一个职位有多个求职者待选，而求职者在拿到多个录取通知时，也会在多个选择中做对比的情况。在求职过程中，如果手握多个录取通知，而且在好公司和好职位不可兼得时，即在好公司的职位不够好，好职位的公司实力不够好时，你会选择好公司还是好职位？这个疑问不只是秦牧歌一个人的疑问，也是很多职场人都会面对的疑问。

以下是我的意见和看法。

【解惑】

求职首选好公司，你所在的位置决定你的层次和价值

在职场打拼的这些年，我始终坚信，你所在的位置决定你的层次和价值。好公司很重要。

好公司所带来的背景、资源、见识和品牌价值，是实力不够的公司无法企及的。所以，如果要在好公司与好职位间做出选择，我义无反顾地选择好公司。

选择比努力更重要的事例太多了。生活中处处可见，如一瓶矿泉水在小卖部里卖 2～3 元，可是在五星级酒店里可以卖 10 元或更贵；同样的商品，在高档商场的专柜里一定比小超市贵，即使后者可能在更亮眼的位置；同样身材的模特参加“维密秀”和参加“车展秀”，前者更能获得商业价值。（别跟我说一张纸币揉烂捏碎还是有一样的价值，因为纸币是货币等价物，天然具有保值功能，所以这个不能与我说的相提并论。）

谁都有换工作的时候，在换工作的过程中就会遇到，我是选择“好公司”还是“好职位”的两难抉择。

我朋友换工作的时候，也曾经有人劝他，去小公司好轻松，有股权有分红，可以打工打成“股东”等。

然而，梦想成真的概率太小了，小公司获得特别大的成功的概率有，但是很小。

小公司，大多数规模不大，人不多，多为十几到几十人，大多也没有明细的工作岗位职责，工作面广而不深。

选择进入小公司，容易将自己变成打杂的，越来越不专业；小公司经营压力大，老板每天都在你身边转着，恨不得拿个计算器，计算每人每天给他带来多少价值；小公司的营业风险大，在这个“赢家通吃，输家什么都没有的年代”随时都可能“关门大吉”，那么你的职业生涯也将跟着一起葬送，所以，我个人不建议大家拿自己的职业生涯去冒险。

关于好公司的好处，有以下五条。

1. 好公司的背景是你的招牌和品牌

“旧时王谢堂前燕，飞入寻常百姓家。”大家族的“燕子”，即使落魄了，在一般的公司也是会受重视的，因为小公司聘用了你会觉得有面子。

因此，如果你有知名公司的背景，那么去小公司比从非知名公司出来的人要容易得多，而且去大公司的可能性也比从小公司出来的人大。

大多数公司在招聘时是很看重你之前所在公司的背景的，好的公司背景能给你的能力、素质做背书，为你的职业发展提供强而有力的支持，给你的价值贴金。此外，在社交场合做自我介绍的时候也能彰显荣耀。这就是好公司的品牌效应。

好公司背景赋予你进入更好公司的门票。如果没有好公司的背景，成功筹码会降低很多，而且成功的概率会小，人生的路也会不一样。

2. 好公司的同事素质高、更专业，会使你更优秀

你是什么样的人，就会和什么样的人在一起。环境对一个人的成长发展很重要。

好公司因为进入门槛高，所以，一般来说，同事的素质相应地比大多数普通小公司的员工素质高。好公司的流程体系也更加专业和规范。

在高素质人群集中、管理专业规范的环境下，耳濡目染，你的工作习惯、工作风格、思维模式等都会有所不同。

举一个简单的例子，好公司的员工发邮件的方式和工作方式与普通小公司的员工完全不同，一个受过专业的训练，另一个不确定有没有人教过。

从长期发展的角度而言，好公司规范化的流程体系、好的工作习惯，会在你身上留下不可磨灭的印记，有利于后期发展。

所以，一些知名企业的 HR 有时不愿意招从小公司出来的人，可能就是担心思维有局限性，以及一些工作习惯很难改正吧。

在好公司，如果同事普遍专业和优秀，你也会被带动地形成良好的工作习惯和优秀的职业素养。

3. 好公司工作稳定、待遇好

好公司一般发展良好，有一定的根基和积累，并且拥有良好的雇主品牌。

好公司发展稳定，短时间内不用担心经营风险，所以你不用担心发不出工资，不用担心违法用工，也不用担心社保、公积金是否合规的事情。

好公司更在乎自己的品牌和对外口碑，讲究口碑效应，而且福利待遇也很好，如会提供过节费、加班餐饮食宿补贴，以及生活福利如洗发水、沐浴露、玫瑰蛋糕等，甚至还会成立一些业余的兴趣协会如篮球协会、羽毛球协会、乒乓球协会、爬山协会等。

此外，好公司还会不定期地组织一些员工活动，使员工工作开心，生活美好。如果你的生活和工作能够完美平衡，那你就是人生赢家。

而一般来说，小公司则需要经受市场的考验，而且因为在发展中风险与机遇并存，所以不知道明天和意外哪个先来。

4. 好公司重视人的成长和发展，愿意培养员工

好公司有文化底蕴、管理积淀，往往愿意花时间和金钱，而且有能力培养员工，如会设置各种层级的培训系统——新员工入职培训、业务培训、中层培训、领导层培训等。有成熟完善的培训体系，你会成长很快。

一般来说，如果小公司没有足够稳定的发展态势，则不会也不能花时间培训员工，大多会招能干活不需要培训的人。进入这些小公司，虽然积累了一些实践经验，但是可能不仅不会在专业理念上有提升，还会消磨自己以往的积累。

5. 好公司更能发挥人才价值

好公司有一定的规模，你所做事情的产出效益会高。

例如，关于人力资源管理工作，如果你为上千人服务，则可以把人力资源管理的任何一个模块做得精细化。如果你为几十人服务，则只能一个人做人力资源管理的所有模块的工作，这样的话专精程度就不一样了。例如，做一次培训，大公司人多，可以做成专案项目，而小公司人少，就不能做。

所以，你所服务的不同人数和层面带给你的价值感是不同的。

然而，如果好公司和好职位两者能兼得，则是最理想的状态。

总之，要努力处在“食物链的顶端”，去选择那些优秀的好公司，再争取自己喜欢的职位。不要因想着你能改变现状而去加入某家小公司。你的选择比努力要重要，你现在的选择决定了你未来所处的位置。

然而，公司好坏及职位好坏的标准以个人的价值观来判断，所以，何去何从，相信你自有定论。

（温馨提示：本文主要为好公司和好职位两者不可兼得的情况下的个人观点，实际选择时应具体问题具体分析，切勿盲目照搬。）

1.4　自我努力比依靠老板提供的平台更靠得住

【主题：价值实现】

在 1.3 中探讨了好公司的重要性，也就是说工作平台很重要。但是决定职场成功的，还有比平台更重要的因素。

在日积月累的工作中，总会有一些困惑不期而至。例如，职场人的价值实现需要自我努力还是老板提供平台？职场地位靠自己获得还是公司给呢？究竟是时势造英雄，还是英雄造时势？

进入好公司就能一劳永逸吗？人们还需要做什么来使自己有更好的职场地位呢？

对此，秦牧歌问了我一个问题："想要成功，如何利用好公司给的平台，以及自己应该如何努力？"

【解惑】

平台如浮云，英雄造时势

一般来说，对英雄有三个定义：①武艺超群、能力超强的人；②为社会做出较大贡献的人；③为企业或组织做出较大贡献的人。

而对于人力资源行业来说，英雄是指后两者，即为社会、为企业或组织做出巨大贡献的 HR 群体。而时势是指某一时期的客观形势，是指事物的发展状况及发展趋势。

一般来说，在计划经济或信息和竞争不发达的时期，是时势造英雄。而在互联网时代、市场经济高度发达的时代、大众创业和万众创新的时代，则是英雄造时势，所以 HR 的价值更需要靠自我努力奋斗来实现，而非依靠老板提供的平台。

所以，平台如浮云，英雄造时势，HR 的价值实现需要自我努力。

1. 打铁还得自身硬

行走职场，一定得有自己的真本事，如作为 HR，要有扎实的人力资源管理理论知识、丰富的企业实践经验，才能应对瞬息万变的职场形势。

要想获得成就和实现自我价值，归根结底，要靠个人的自我努力所获得的实力。

2. 再好的公司和平台，也得益于优秀的人才

山不在高，有仙则名；水不在深，有龙则灵。

再好的公司和平台，也是由人才来创立和打造的。细数那些好公司，哪一个不是靠人才而起，靠人才而兴的呢？

例如，乔布斯被自己引进的 CEO 赶出苹果公司，苹果公司衰落。后来乔布斯重回苹果公司，苹果公司在乔布斯的带领下创造了引领潮流的手机和数码产品。乔布斯用自己的实力赢来了自己和苹果公司的黄金时代。

所以，好的平台、好的公司也是靠优秀人才成就的。

3. 公司大小、平台好坏，并不代表个人实力

互联网时代，公司大小、平台好坏，并不能代表个人实力包括个人的水平和价值。

无论公司大小、平台好坏，依靠个人努力和奋斗都能成就自己，不再受公司和平台的限制了。

因为在互联网时代，信息高度开放，任何人都可以依靠互联网或培训机构，或者通过参加各种沙龙、同行聚会来学习和汲取经验并提升技能。

只要愿意努力，愿意成长，愿意利用工作内外的时间去打磨自己、锻炼自己，你就可能成为 HR 界的名人。

现实职场中就有很多靠自身努力和实力，胜过依赖平台和仰仗外界称号的人。当名人失去名人的光环和外衣时，人们依然能够看到谁强谁弱，最后证明他们能力的不是外在依傍，而是自身努力所获得的实力。

所以，个人实力才是胜出的关键，有实力的人，光芒四射，挡都挡不住。

4. 时代不同，打造个人品牌胜过依附平台

以前，信息网络闭塞，市场经济不发达，人们就业、择业的渠道和机会受限。好的平台或公司能庇护你大半辈子。例如，进入央企、国企、事业机构就能一辈子衣食无忧、旱涝保收。而现在不同了，大众创业、万众创新，一些优秀的公司从众多创业公司中脱颖而出，甚至在一些公司里都能内部创新和创业了。有能力和实力的人，自然能撑起一个好平台。另外，自己创业也是不错的选择，何须仰仗平台？

从个人发展的角度来看，人们更应该多审视自身的能力。作为一名 HR，针对人力资源管理的六大常规模块，扪心自问，你精通几大模块？哪怕精通一个模块，你都能创造丰厚的财富了。

例如，精通招聘的 HR，可以与猎头合作或者自己做猎头，收费标准按候选人年薪的 20%～25%来算，如果每个月招一个 50 万元年薪的人，则一年至少收入 120 万元。例如，精通培训的 HR，如有一两门拿手的好课，都能身价千万，可以在广州或深圳买两套房。再如，精通薪酬绩效的 HR，可以跟咨询公司合作，给企业做顾问，也能获得不菲的回报。

总之，在如今的时代，平台不再完全决定你的价值，你的价值在于自身努力，靠实力取得。

5. 好的公司和平台需要有实力的人

进入大公司、好平台的前提是，你有实力。因为成为千里马，才会有伯乐找上门来，而好平台才能向你敞开大门。

HR 要通过自己的努力，让自己“值钱”，才有可能被别人发现价值。

当你因所在平台不在而需要另寻出路的时候，可以依靠的是自己的实力，即你赖以生存的知识、经验和技能。

所以，拥有了真实力，才能拥有好平台。你的个人实力是你能够获得好平台的前提。

6. 平台已经不足以让你终身无忧，唯有实力抢不走

在互联网时代到来之后，技术和产业的更新迭代速度超乎想象，很多变化是颠覆性的。

以前叱咤风云的“好公司、好平台”，如诺基亚、摩托罗拉、HTC 都曾风光无限，而今销声匿迹。在竞争中你赖以生存的平台，顷刻间就会覆灭。皮之不存，毛将焉附？到那时，依靠平台来彰显自己的人又该如何自处呢？

那些在大公司、大平台做螺丝钉般单调、机械化工作的人，再次进入人才市场时，还能确保风光依旧吗？多年以后，那些靠学历优势进入大公司做着重复工作的人在人才市场又能有多少身价呢？

身在职场，不应该为平台好坏而沾沾自喜或自怨自艾，应该着眼于自身能力的提升，靠自身奋斗赢得工作的保障。

最后，一个人的安全感不应该来自你目前的职位和薪水，而应来自你能够在任何时间、地点找到一份不低于目前职位和薪水的工作的能力。这才是真的牢靠，风吹不走，雨带不走，不怕任何变动或意外。

当你有实力时，你就有选择平台的权利和资格，就能决定自己何去何从；而当你攀附平台，缺乏实力时，你只能被平台选择，而在“风暴”来临之时，你将不知道何去何从。

平台如浮云，英雄造时势。个人的价值实现需要自我努力。

1.5　新政策下，应该如何立身处事

【主题：孕产政策】

由于家庭原因，秦牧歌需要更换工作城市。然而，身为 HR，她知道一名已婚未育女性在求职时的尴尬处境——不好找工作，因此非常苦恼。新的孕产政策，看似对女性的优待，实则大大限制了女性的职业发展机会。

秦牧歌问我："新的孕产政策对女性是好事还是坏事？面对新的孕产政策对企业使用女性员工时所产生的影响，HR 应该如何做？"

【解惑】

如何看待新的孕产政策，以及 HR 会如何应对政策影响

自从放开二孩政策和新的产假政策出台以后，但凡是面试女候选人，面试官都很关注对方的生育状况。在女性朋友跟我聊个人职业生涯发展问题时，我也必会催促她结婚生子，因为没结婚、没生孩子的女性很难跳个好槽。

随着全国范围的产假天数变动，全国各地对本区域的产假规定进行了修改，这些规定给职场女性带来了不小影响。

大多数产假：98 天+30 天（晚育）+15 天（难产）+15 天（生育多胞胎的，每多生一个婴儿）。

2016 年 9 月 29 日实施的《广东省人口与计划生育条例》明确规定，广东省女性员工顺产可享受 98 天基本产假+80 天奖励假共 178 天的产假，剖腹产等难产的女性员工可享受 98 天基本产假+80 天奖励假+30 天剖腹产或难产产假共 208 天的产假。（全国各地规定不一样，以当地规定为准。）

全国各地的产假天数各不相同，最低的 98 天，最高的 208 天。自二孩政策全面放开以来，生二胎的女性员工也享受产假政策。

网上那个"作为 HR，我可能给公司招了一个假员工"的段子，很生动地反映了企业的苦楚。段子里讲，一位 HR 招了一位新员工，刚入职便结婚并连生两胎，休假时间比工作时间还长，很生动、很形象地展现了在新的孕产政策下，公司对于女性员工在孕产方面的尴尬和无奈。

秦牧歌问我的这两个问题是新的孕产政策出台后，职场女性和HR们普遍关心的问题，在社会上引发了普遍讨论。

1. 新的孕产政策对女性是好事还是坏事

作为企业HR，逢山开路，遇水搭桥，既然无法回避，那么就坦然面对好了。

对职场女性来说，新的孕产政策对其是有利有弊的。先来剖析下新的规定的利弊。

正方观点：延长产假对职场女性的利大于弊。

1）产假延长有利于人类繁衍，公在当代，利在千秋。

2）产假延长是社会发展的必然趋势，像发达的资本主义国家如英国、加拿大、新西兰的产假甚至长达一年。

3）产假延长有利于女性身心恢复，以保证其能更好地回归工作岗位。

4）产假延长能体现公司的仁德，是员工福利的体现，更得人心。

反方观点：延长产假对职场女性的弊大于利。

1）企业会减少给女性的岗位。虽然不会明说，但是以或明或暗的规则来减少对女性员工的招募。

2）女性的职业发展机会和晋升空间会受新的孕产政策影响。一般来说，生育是女性要承担的家庭责任，职业生涯都会因此受到影响。对于没生的或者生完一胎的女性员工，因企业担心其随时可能生一胎或生二胎，所以在对其进行加薪升职的时候会有顾忌。此外，对于生完两胎的女性员工，企业则会担心其有多少时间用在工作上。

3）产假时间太长，职位会被别人取代，回归职场受诸多因素限制。

4）职场空间缩小会使一些原本可以在职场贡献价值的女性，被迫成为家庭主妇。仅靠丈夫一人的收入，家庭的经济压力会增加。

从长期来看，产假延长对整个社会发展有利。从短期来看，产假超过98天的部分生育津贴未覆盖（有的生育津贴不够产假工资，需要企业贴钱），全由企业来承担，增加了用女性员工的成本。用工成本高和因生育中途离场等多种原因会限制女性的职场发展空间。

目前，女性跳槽寻找新工作机会受影响的这个事情，已经充分说明了这个问题。

同时，企业是以营利为目的的，不要试图以道德来绑架老板，毕竟孩子是你和你老公的，不是老板的，他是企业家不是慈善家。即使要做慈善家，也得在企业撑得起来的时候去当。这是现实。

从企业的角度来考虑，女性员工的用工成本高确实是个大问题。企业都是逐利的，市场经济是讲究投入产出比的，单纯用道德来约束起不了太多作用。如果企业因负担重、成本高、效益低而经营不下去了，那么员工都要打包散伙，谁也捞不着好处。

2. 面对新的孕产政策对企业使用女性员工时所产生的影响，HR 应该如何做

站在企业角度来应对“面对新的孕产政策对企业使用女性员工时所产生的影响，HR 应该如何做”这个问题，HR 可以这样做。

（1）**梳理工作岗位，并做好顶岗措施。**

虽然很无奈，但如果不控制适龄产妇数量，关键岗位频繁出现缺岗，那么企业运营效益会受影响，日常工作效率会降低，整体工作氛围会受影响。可以梳理岗位工作内容，能外包的就外包，使用第三方的服务。同时在有生育可能性的女性员工下面配备可以顶岗的人员，早做准备。

（2）**利用工资结构划分来控制产假的工资成本。**

合理、合法地进行工资结构划分，控制产假的工资成本。例如，将员工工资分出一部分在全勤奖、岗位奖金、项目奖金上，将产假工资分为基本工资和津贴部分，尽量合理、合法地降低生育成本。在具体操作执行过程中可以咨询律师，让专业人士帮忙把关。

（3）**加强内部的绩效考核制度，严格按照工作效率和成果来考核。**

绩效考核奖金设置在工资之外发放。这样能利用绩效管理来提高内部激励性，并以效率为先，兼顾公平性。适度降低处于假期员工的雇用成本，对其他员工来说也是一种公平。

（4）**人性化处理，互相体谅，以期和员工协商达成一致。**

一方面，老板觉得产假时间太长，企业经营上有困难，而特殊岗位也不能空编太久；另一方面，员工有自己的难处，孩子要生，工作也不好换，那就协商吧。

企业尽量保留女性员工的岗位，多一些照顾，如与员工协商使其早点回岗位，未休的产假分配在每个工作日如早 2～3 小时下班或者以后再调休。员工也别锱铢必较，退一步海阔天空。例如，员工自愿放弃一个月产假，后面补休……总之，好好协商。而如何动之以情，晓之以理，同时说服老板和员工，就看 HR 的能力了。

国家延长产假，从长远来看是社会进步的必然趋势，但是对目前职场女性的生存发展空间来说确实伤害很大。不管你想不想生二胎，企业都会有所顾虑。

人力资源行业其实是以女性占大多数的行业，所以 HR 也深受这个新的孕产政策的影响。

（5）**作为女性 HR，应该积极应对和面对新的孕产政策所带来的问题。**

1）提升自身技能，提高职场竞争力。

只有能力强的人才能得到越来越稀缺的机会。有能力且出众的人，还是可以在职场获得自己的一席之地的。

2）提升个人职业素养，对人对事不亏欠。

从为人处世的角度出发，女性员工最好能在企业工作一两年之后再怀孕，这样会好一些。平时，别总想占便宜，在工作中多做点事反而不会吃亏。因为你的高素养会为你争取更稳定的职业生涯发展。

企业最反感的莫过于刚入职没多久甚至在试用期就怀孕了的女性员工，以及一怀孕就提各种要求的女性员工。

3）顺势而为，穷则思变。

政策已至，与其抱怨不如坦然接受，为应对新政策带来的职场挑战，聪明的职场女性一定在想新的机会。

可以选择顺势而为，在一家企业好好做下去，不要频繁跳槽。你可以使事业和生活保持平衡。这样虽然不能飞黄腾达，但至少可以保证工作稳定，衣食有着落。

另外，如要寻求突破也是有机会的。

如果你能多掌握一些自己感兴趣的技能，则不仅能提升职场竞争力，也能多一个职业选择。例如，从事人力资源管理工作的人可以往写作（作家、自媒体人）、培训师、咨询师、顾问、心理咨询师、职业生涯指导师、教师职业发展，或者往与你喜欢的生活相关的领域多发展一下。

学习和成长是个漫长的过程，可能暂时看不到效果，但终有一天会回报你。

你为梦想所走的路，每一步都算数。

总之，延长产假对职场女性来说是一把双刃剑，作为 HR 不仅要为企业保驾护航，做一些本不愿意去面对的事情；更要居安思危，在政策的倒逼下强大自己，适应未来职场的千变万化。

职场不是游乐场，职场是斗兽场。物竞天择，唯有适者生存。不做困兽，做个独立独行的强者。

只有直面现实，找到破解之道，才有可能绝处逢生，开花结果，活出自己的灿烂。愿你可以靠自己的智慧和努力，拥有自己能够说了算的人生。

1.6 跨界发展你必须知道的方向和建议

【主题：转行】

HR转做其他行业会怎样?

之前秦牧歌和我讨论过一个话题：HR入职门槛低，谁都可以做HR或转行做HR，然而HR是否能转行做其他呢？以下将介绍HR转行必须知道的几件事情。

【解惑】

HR转行，你必须知道的几件事情

其实，别的行业转行做HR并不容易，而HR转行做其他也是不容易的。但是，如果HR做得好，则只要提前做好准备，并且付出足够的努力，在其他行业也能做好。

以下将介绍HR转行必须知道的几件事情。

1. 找到跨界发展的参考案例

以下将为你提供HR跨界发展的真实案例，供你参考。

（1）**还做HR，但是换了行业。**

IT行业的HR转行去做金融行业的HR了。

朋友A是一个很开朗的做技术型企业的人力资源管理的HR，之前任职于一家在业内很知名的IT企业。后来正式告别了熟悉的IT行业，进入了金融行业，还是做人力资源管理。新的行业虽然陌生，但是能激发他的热情。

转行前后工作上有哪些不同：行业人员特点不同，金融行业的人员稳定性比IT行业差很多；候选人有业绩指标，招人方法不同；猎头供应商不同。

转行前做了哪些准备：用一个月的时间看完了金融方面的书，恶补了金融方面的知识；通过了基金从业资格考试；在所有能利用的时间里都在学习新行业的知识。

（2）**在同行业，但是做业务总监，不做人事总监了。**

招来的人不满意，自己顶上做了业务总监。

朋友 B 在食品行业做人事总监，一直在为公司招聘业务总监，但来应聘的业务总监总达不到老板的期望。最后，老板说，要不你来管业务团队吧。于是，他就转行做了业务总监。

转行前后工作上有哪些不同：工作忙，时间不由自己支配；工作内容不同，需要召开业务会议，进行销售反馈，以及负责门店的巡视等。

转行前做了哪些准备：将绩效管理的方法用在销售团队人员管理上；通过培训为业务员赋能等；把 HR 的技能嫁接到管理业务团队上。

（3）**转行做猎头、做专业讲师、做企业顾问等。**

从 HR 转行做猎头、专业讲师和企业顾问的案例很多，此处就不再详细提供了。其实，转行无所谓对与错，人生的精彩来自你做了你想做的。

2. 找到转行的方向

以下将介绍 HR 的常规职业发展，以及转行的方向。

（1）**常规职业发展。**

1）从专员、主管、经理、总监到人力资源总裁的职级晋升之路。

2）转岗到其他业务或职能的管理岗位，如业务、市场、总裁办或其他职能领域的岗位。

3）成为高层管理者，担任总经理或 CEO。需要提前熟悉和了解财务、研发、市场、销售的业务知识和管理技能，并且有超强的营销和运筹管理能力或者顶级的资源和人脉。

（2）**自己创业。**

在人力资源管理的各个模块深入发展，之后利用人力资源管理的实践积累去创业。

例如，精通招聘可以成立猎头公司；精通人力资源规划、绩效管理、薪酬等，可以成立企业管理咨询公司；精通培训，可以成立培训公司或者成为独立讲师。总之，只要你有一技之长，就很有可能年薪百万。

所以，深挖 HR 的市场价值和发展方向，就可以发现人力资源管理的每个模块都很有价值，关键看你做得精不精深。你若值钱，就能赚钱，并且在职场、商场上游刃有余。

3. 了解转行前的关键点

想要转行，你需要先了解以下关键点。

（1）**转行要趁早，早日发现自己的职业锚。**

越早了解自己的职业锚，即职业兴趣所在，越有利。因为跳槽就是一件类似于“壮士断腕”的事情，你要舍弃自己以往的积累，重新开始，而以往的经验、资历会部分失效，你需要重新积累。

而且，现在不是会的越多就越好的时代，而是要越专越精越好。例如，招聘销售人员时都要找有同类产品销售经验的人。大部分不在一个业务范畴的经验会被浪费掉。所以，如果要换行，尽量早点，不然机会成本更高，而收益更小。

（2）**兵马未动，粮草先行，做好跳槽前的经济准备。**

跳槽穷半年，转行穷三年。要准备充足的“粮草”，至少要能养家糊口，日子过得下去。

要准备充分，看准了再转行，因为选错一次“航道”的代价太大。

要做好理论、技能、心态等多方面的准备。进入新的行业或转入新的职位，要学习它的理论和技能，以及工作的方法和思路，才有可能做好工作，而关于理论和技能则可以提前学习。

要做好人脉和相关资源的准备，因有些转行机遇是看人脉的，如前同事、领导、同学转行成功，需要人手了就会把你招过去。

（3）**选择你能发挥所长、你喜欢并热爱的行业。**

假如你是转行暂时穷三年，不转行可能穷一生的话，还是果断转行吧。

转行求职，做出选择之前，充分了解自己。例如，了解自己的个性是什么，兴趣爱好是什么，以往的知识储备、技能积累如何等。

慎重思考，谨慎选择。选择自己喜欢的、有一技之长的行业，这个非常重要，因为这决定了你之后是否做得长久，能够做得好。哪个行业或职位适合你去发挥，对你来说在那个行业中或职位上要更容易成功。

（4）所选行业要使你有成功的资源和基础，要使你能够为了成功而去努力。

职业发展，是为了生存也是为了发展，而不是为了体验梦想的瞎折腾。你岁月静好了，后面自然有人替你买单，为你负重前行，可能是你的父母、配偶，也可能是你的孩子。所以，为了家庭的幸福，你要为了成功去努力。你要综合考量你的实力、资源、事情的难易程度，降低风险，综合权衡成功的概率。之后再去努力，并长久持续地坚持。

做一行，像一行；做一行，爱一行。这是无论在哪都能用的职场铁律。

转行的人有转行的考虑，不转行的人也有不转行的人生，但是初心不可忘记。选择你想要的人生，活成自己想要的样子也是一种成功。

有人爱都市的繁华，也有人爱“采菊东篱下”的恬淡；有人喜欢功成名就，也有人喜欢踏实平淡；有人喜欢走上人生巅峰的快感，也有人喜欢心安处即故乡的从容。

总之，做你自己想做的那个人。人们之所以努力，除了想获得世俗的功成名就，还想有一种成就，就是成为自己想成为的那个自己，并且开开心心、幸福充实地度过每一天。

1.7 HR 如何在本行业规划职业发展

【主题：职业发展规划】

如果持续做 HR，也可以在现有圈子里规划一个好的职业发展路径。

秦牧歌已经从事招聘工作好几年了。在目前企业的招聘岗位上，她基本都能完成任务，既熟知招聘流程，也熟练掌握了招聘渠道开发、电话邀约、面试等技能。此外，她对于很多新内容都接受得比较快。

所以，她最近一直在思考以后的个人职业规划，目前有三个方向可以选择。第一个方向是学习薪酬、绩效知识，往人力资源管理的全盘方向发展，希望能早日成为 HR 经理；第二个方向是专一化，转型做猎头，将自己的招聘能力最大化发挥；第三个方向是做人力资源业务合作伙伴（Human Resources Business Partner，HRBP），听说做招聘的 HR 转型为 HRBP 会更有优势。

鉴于此种情况，她想知道对于从事人力资源管理工作的人员来说，到底应该如何规划自己的职业发展方向?

【解惑】

HR 的职业发展之路在何方

身为 HR，我经常会在面试的时候问求职者："你的职业发展是怎样规划的？"

关心和了解"职业发展的规划"可能是 HR 的"职业癖好"。HR 因为关注得多，问得多了，可能比别人对于"职业发展的规划"这个话题，更有发言权，但是否懂得和知道该怎样给自己设计和规划职业发展路径呢？

随着社会经济的发展和企业管理水平的提升，人力资源的开发与管理作为企业重要战略摆到了很多人的面前，HR 也一跃进入了人们的视线焦点。越来越多的 HR 开始关注自身的职业发展的规划了。

总体来说，HR 这个职业的发展前景是非常广阔的，职业发展的道路也是很宽的。能做好人的管理工作，还有什么管理做不好呢？这也许正是吸引更多年轻人选择这个职业的原因。

如果成为 HR 管理者，则可以拥有开阔的眼界，能够有更多的机会接触到最新的管理理念和方法，成为最懂人的职场管理人。

在企业里，HR 的地位也越来越突出，不过整天做招聘、培训、绩效考核、工资核算、职业发展规划工作的 HR 却面临诸多尴尬。

虽然 HR 有很大的发展空间，但作为任何一个具体的社会人，都会遇到职业发展的瓶颈。因此，在入行之初或在工作了一段时间以后，对自己的职业发展之路进行合理的规划就显得相当重要了。

1. **了解影响个人职业发展方向的四个方面**

影响个人职业发展方向的因素除组织方面外，在主观上至少有如下四个方面。HR 可以在了解自身条件的前提下，从以下这四个方面找到适合自己的出路。

（1）**工作兴趣**。

了解自己的工作兴趣，找到自己喜欢的发展方向。兴趣是最好的老师，是成功的内在驱动力，只有喜欢一种职业，才会全身心投入，经得起各种考验。人力资源管理工作其实是很富有挑战性的工作，每个模块、每个发展方向都有不同的风景。

只有热爱工作内容，才能承受各种压力，才会慢慢感受到其中的乐趣。如果根本不喜欢，不可能在工作方面有所建树。

（2）**个性特质**。

个性特质在很大程度上会影响职业选择。就 HR 而言，若具有“外圆内方，刚柔并济”的个性特质则会使自己在职场上游刃有余。“外圆”是指善于人为地创造和谐的人际氛围，有亲和力，同时能及时发现并主动化解企业内部的人际矛盾，为企业创造良好的人文环境。“内方”是指心中能坚持原则和方向，能坚持“一个中心（企业利益）、两个基本点（企业制度、业务流程）”的理念。

同时，对于不同工作模块和发展方向来说，所需的个性特质是有一些区别的，或要内向或要外向或要内外兼修和动静皆宜。例如，做薪酬福利的人要安静、细心、谨慎；做招聘的人要外向、亲和、能说会道；做员工关系的人要亲和、热心、友善、乐于助人；做绩效的人要能写会算，还要擅长沟通谈判。

工作的个性特质也不是一成不变的，每个人的工作个性特质都有一定的可塑性，是可以在工作中修炼完善的。你可以按自己的个性特质规划自己的职业发展。

(3) 能力长项。

职业能力是指从事某一职业所必须具备的学识、技术、能力，是干好某一职业的基本条件，缺乏职业能力必然导致“心虚气短”。不同的职位有不同的胜任力模型，如出色的HR总监除了要具备HR专业技能和通用管理能力（如沟通能力、组织协调能力等），还需要具备系统思考能力、资源整合能力、开拓创新能力与营销推广能力等。

基于目前的能力长项选择适合自己的职业发展出路会更有优势，机会也更大。例如，做招聘的人，基于自己的招聘功底转型做HRBP和猎头则会更有优势。

(4) 工作心态。

心态决定成败，如果想求突破和发展，可以选择自己舒适区之外的工作内容，丰富自己的经验。

如果选择做HR仅仅是为了生存，则会对HR的工作感到无聊甚至失望；如果把HR的工作作为自己热爱的事业，在为企业创造价值，帮助员工成长的过程中实现了自己的价值，则一定能够体会到HR的工作带来的成就与快乐。

综上所述，只有了解自己，才能找到适合自己的路，只有知道哪些路能走，才知道自己能有哪些选择。

2. HR 的职业发展的四个方面

在了解了自己的工作兴趣、个性特质、能力长项和工作心态之后，HR 的职业发展有哪些选择呢？

基于目前了解到的相关情况，我总结出了关于 HR 的职业发展的四个方向，仅供参考。

（1）**始终留在人力资源部门，从 HR 岗位直线发展，逐步晋升。**

直线发展的晋升路径基本上是：专员—主管—经理—总监—常务副总—总经理等。

初入职场，都会从助理做起，帮助处理一些档案整理、入职办理、离职办理、调岗办理、转岗办理的跑腿活；接下来，可以晋升到专员，负责培训、薪酬、招聘等项目的初级执行；再下来，就是成为经理，负责 HR 整个部门的运作；“HR 总监”一般都只有在大型集团公司才会有，他们要配合公司战略目标的实施，有时甚至会上升成为公司的合伙人。

当然，HR 的职业发展方向也包括在集团内部不同人力资源部门的发展，如从负责总部的某一模块工作，到负责分或子公司的人力资源管理的全部模块的工作，也可以考虑由负责单一模块工作的 HR 转型为负责小公司的整个人力资源管理工作的 HRBP。

另外，做经理、总监并不一定要知识经验全面，只要精通单一模块的工作，在大的集团公司也可以得到晋升。无论是招聘、培训、薪酬福利还是政策法规模块的工作都可以深耕细作，都可以使你从专员、主管、经理到单一模块业务总监。

从总监到总经理，其实是 HR 比较理想的职业归宿。具有 HR 背景的内部高管无疑是总经理的理想候补人选。但是，这个难度比较大，不容易达到。

（2）**跨部门、跨职业发展，从人力资源部门到业务部门或其他管理部门。**

在觉得人力资源管理工作发展出现瓶颈时，不妨换个思路考虑一下，轮岗或转部门。由于 HR 比较了解各个职位的工作内容，因此可以进入公司其他的一些业务部门，从事一些管理工作。当然，要实现这个转型的前提是，具备业务部门或其他管理部门所需要的专业知识。

（3）向HR的外延职业发展，可以考虑做培训讲师、猎头、咨询师等。

随着人力资源咨询公司的增多，HR的发展出现了另一条路径，就是转为从事专业咨询工作。以企业工作经验为依托，咨询会更有底气，并且有实战性。精通薪酬福利、绩效、员工关系模块的工作的人可以考虑往咨询行业转。据了解，要从事咨询工作，工作背景不仅很重要，学历也是一个相当重要的门槛。

以下提供了一些基于人力资源管理的主要模块的、HR 可考虑的外延发展路径。

例如，做招聘的HR，在企业内做招聘与配置，在企业外则可以做HR招聘业务外包专家或做偏重中高端人才的猎头。做招聘的HR比较适合转行做猎头。做到HR总监的人则可以做猎头合伙人。越专业的人，人脉圈子越高端，做猎头的资源也越好。

例如，做培训的HR，如果有深厚的培训功底，那么做培训师也是不错的选择。培训师的酬劳按天计算。做培训师要有一定的资历背景，还要有个人品牌，这些就要靠在企业里面积累了。还可以从企业内训师发展成为自由讲师、咨询顾问。

此外，HR也可以在专业领域有所建树之后进入专业的人才服务机构、培训公司、管理咨询公司工作，用自己的专长为更多的人及单位服务，以实现自己的专业价值，或者在条件具备时自己创办公司，推进人力资源管理产业化的发展。

（4）从HR到HR行业专家。

随着年龄的增长，越来越多的HR会考虑自己在职业发展中期的规划，成为某一方面的专家是一条可行又可期待的出路。为自己规划一条专业方向的发展道路受到HR的普遍关注。那么，如何成为一个HR行业专家呢？

成为专家就要提升自己的能力，包括理论知识和实践经验，要多一些输入和输出。

在职位不变的情况下，可在学历上进修，同时在职业资格提升方面努力进取，提高自己的思维水平和专业技术水平，打造个人的职业竞争能力。在职业资格提升方面，可以考取高级人力资源管理师、高级企业培训师、职业指导师、心理咨询师等证书，不断提高自己的理论水平与专业技能。这些证书可以证明你的能力。

要想成为专业领域的专家，必须通过实践积累经验，成为专业领域的“高手”。当 HR 成为某一模块领域的专家时，能力越聚焦，能量越大，路则越走越宽，可以通过自己的努力实现职业生涯的升华。

成功的路上没有那么拥挤，只要多一些努力和坚持就可以成功，因为 99%的人会提前放弃，就看你是不是那个坚持到底的 1%的人。

世间本没有路，走的人多了，也便成了路。希望以上内容，对你规划自己的职业发展能有所启发，能够助你成功。

CHAPTER 2

第 2 章

做事——关键工作的处理技巧

掌握解决问题的思路、做事的逻辑，比解决问题、做事本身更有价值。树立正确的处事观念，你就能“逢凶化吉”。

2.1 如何搞定招聘后期的薪酬谈判环节

【主题：薪酬谈判】

在日常的人力资源管理工作中，HR 会遇到各种各样的难题，需要开动脑筋，逐个解决。秦牧歌最近在做招聘工作，让她比较头疼的则是招聘中的薪酬谈判了。

她说对于一些理想的候选人，在面试过程中还算顺利，可一旦进入薪酬谈判环节，就被候选人掌握了主动权，其薪资要价会超出公司的薪酬范围。然而 HR 既不想错过理想的候选人，又不想打破公司的薪酬体系，实在是左右为难。

如果候选人和公司双方都不妥协和让步，则招聘只能以失败告终。

这个问题很普遍，是几乎 80%的 HR 都会遇到的一个问题：理想候选人要的薪资公司给不了，接受得了薪资的候选人公司不想要。面对这样的行业性难题，HR 到底该怎么办?

于是，秦牧歌问我："应该如何做好招聘工作中的薪酬谈判？"

【解惑】

薪酬谈判要知己知彼，踢好招聘工作后期的"临门一脚"

招聘工作后期中的薪酬谈判环节，往往是决定招聘成败的关键一环。薪酬谈判是招聘是否成功、能否拿到成果的"临门一脚"。

通过几十、上百次的求职简历对比和多轮次面试筛选，你和用人部门领导终于共同看上一个人，接下来就要对候选人的薪酬进行沟通了。

薪酬谈判就是招聘录用成交前的讨价还价的过程，双方接受彼此条件即可成交，如一方不接受则一拍两散，即候选人找其他的工作机会，而公司继续寻找候选人。如果薪酬谈崩了，则招聘过程得推倒重来。翻来覆去的招聘令人痛苦。

对做招聘的人员来说，好不容易有合适的候选人了，若能谈妥薪资让其顺利入职，则是最好不过的了。因此，在薪酬谈判环节付出再多的努力都不为过，也许只是多做了关键的一件事，多说了关键的一句话，结局可能就不一样了。

一般来说，广义的薪酬包含物质薪酬和非物质薪酬。决定薪酬政策的内部环境包括公司薪酬支付能力、薪酬策略、薪酬结构、人力资源流动情况、招聘计划、晋升计划、薪酬满意度等人力资源政策的各方面因素。

对 HR 来说，先要了解宏观的薪酬概念和框架，即了解定薪的前因后果，再谈薪酬则会胸有成竹，不易出错。

一般来说，定薪的原则为“效率优先，兼顾公平”。既要体现能力、效益差别，又要保证薪酬的内部与外部公平。不可以破坏薪酬体系，否则，招进一个人，走一批人。鸡飞蛋打，得不偿失。

在进行薪酬谈判时，不仅要了解自身公司的情况，还要知道候选人的个人情况，以及诉求和期望。

那么，要踢好这招聘工作的“临门一脚”，如何进行薪酬谈判呢？

1. 知己，了解公司内部的情况——公司有的正是候选人想要的

（1）**了解公司体制内同等水平和级别的人员薪资范围，合理定薪。**

依据候选人的学历、经验年限、以往的背景进行综合评估。与目前在岗的人员做薪资对标，确定恰如其分的薪资水平。

（2）**了解公司的发展战略、公司的实力，用机会吸引人才。**

公司发展稳健，充满机遇和朝气，快速上升发展，配以有前景的发展战略，对候选人来说是有吸引力的。

如果公司所处的行业和希望达成的愿景，与候选人所期望的不谋而合，那么候选人是有可能为了理想，而在薪资不具备竞争力的前提下选择这家公司的。

此外，如果公司在当地公司的实力榜单上排名靠前，也是吸引人才的竞争力。在薪酬谈判过程中，不要过于谦虚，要把公司优势响亮地表达出来，这些将有利于吸引候选人加入公司。

（3）**好的企业文化，是吸引人才的重要因素。**

很多人，尤其是年轻人，会在意企业文化、工作氛围和管理风格。工作开不开心是他们关心的重点。工作对于年青一代而言，不再只是谋生手段，更是一种生活方式。

我曾经问 90 后，希望找一份怎样的工作。他们回答我，更喜欢在开放、友好、能充分发挥个人能力、管理不要太官僚的企业文化氛围里面工作。

90 后的员工能吃苦，有创意和激情，但希望被尊重、被看到，希望有足够的空间发挥自我价值。也有种说法流行已久："未来企业之间的竞争是企业文化之间的竞争。"

公司可以在管理文化方面进行优化和改进，更好地向外打造雇主品牌，这也将有助于吸引候选人。

（4）人岗匹配。

职位匹配、领导和团队的管理规范，这样的岗位更吸引人。

提供的职位与候选人的职业发展历程匹配；直接上级及领导风格与候选人个性相符，聊得投缘；团队管理规范，大家目标一致，做事专注，分工合理，有团队协作。这样的工作机会是候选人心仪的，将被其重点考虑。

（5）好的培训体系，也是员工想要的。

公司有系统的整体培训、长期的导师带徒弟的制度、在职晋升的培训体系，这些学习的机会也是员工想要的，是吸引候选人的有力武器。

（6）好的福利体系，帮助 HR 掌握薪酬谈判的主动权。

公司完善福利体系，有助于挽留人才、吸引人才。

福利部分以法规为底线，不能违规，要用心设计。例如，足额五险一金是基本要求，而补充保险、额外给员工家属的保险、年休假制度、员工旅游、过年过节生日礼金或礼物、各类补贴、家庭开放日等则可以提升员工满意度。

近年来比较新颖的福利，是建立员工子弟的学校如幼儿园等，真正能帮员工解决后顾之忧。

公司可以下功夫的部分就是以上六点。薪酬谈判能否成功还要"知彼"，了解候选人的诉求和期望才行。

2. 知彼，了解候选人的诉求和期望

（1）挤掉薪酬要求和期望中的"水分"。

大多数候选人都希望通过跳槽获得薪资上的提升，而公司并不想过多

地提高用工成本。这中间的矛盾，就需要通过博弈来解决，而博弈的关键点在于，了解市场上同等职位、公允的薪资水平，判断候选人真实的薪酬定位。

如果候选人提出的薪酬高于市场和低于市场都需要谨慎对待，审慎观察，多问其几句，如薪资如何组成，甚至问之前每份工作的薪资是多少，以及历年增幅是怎样的。通过了解差距的原因，判断其是否撒谎，最终挤掉“水分”。

最大可能地探知候选人目前真实的薪资水平，如税前多少、税后多少。可以通过税前、税后工资推算，判断薪酬的真实性。

还有一个问出实际薪资的绝招，问的时候补充一句“能不能提供银行流水的薪资证明或纳税证明等薪资证明”。这样，大多数候选人都不敢轻易撒谎了。HR 也就能顺利知道候选人真实的薪资水平了。

接下来需要通过沟通，挤出期望薪资中的“水分”。HR 可以告知候选人实际市场行情是怎样的。HR 天天招聘，了解的市场薪酬资讯比候选人多。通过沟通，让候选人放弃不切实际的要求，有利于后面的谈判顺利进行，有助于双方达成共识。

（2）**客观评判候选人及制定合理的薪资标准。**

薪酬定得好，员工跑不了。候选人之前一份工作的职位和薪资对后面的岗位胜任力及定薪都有一定的参考指导作用。摸清候选人的真实水平，有利于制定合理有效的录用决策。

薪资标准，不宜定得过高，但是也不能定得过低。如果定得高，则候选人入职以后，企业觉得不值得，性价比低，候选人因压力大而不胜任企业的岗位工作；如果定得低，则候选人入职后觉得亏了，工作没有激情，做不长久，再次“骑驴找马”。

况且，内部加薪、晋升不易，HR 定薪最好定得恰到好处。

（3）**薪酬谈判压价的要点——找到技能、工作背景、个人条件的弱项或短板再议价。**

在面试过程中，要有意识地找候选人的缺点、弱项，如学历低，以往没有大公司、大项目背景，技能过于专注或过于广而不精之类的。同时，表现出公司愿意给他机会，而公司的机会正是他需要的，且对他后面的个人职业发展前途有利的态度。

让候选人觉得，这个机会正是他需要的，但不能轻易得到，要“蹦”一下才能够得到。如果候选人自己有诉求，而且公司很有吸引力，那么即使在薪资上做让步，也会想去公司上班。这样谈，结局皆大欢喜。

（4）**了解候选人真实的期望和要求的薪酬范围的最低金额，借助沟通达成一致**。

关于候选人的诉求，有些是核心的，有些并不是。候选人提出的诉求往往有其背后的原因。

HR 要做好打持久战的准备，耐心细致地沟通，摸清对方的诉求。HR 要用有利的部分去吸引候选人，用公司优势去弥补劣势。最重要的是展示公司求贤若渴的真心。

人都是有感情的，你与他真心沟通，了解他、熟悉他、懂得他、尊重他，并给出公司能给的最有诚意的录用条件，则会提升候选人入职的概率。

总而言之，薪酬谈判需要建立在对公司情况了解、对候选人的诉求理解的基础上，用公司已经有的优势条件去吸引候选人；用候选人在意的愿景去与他达成一致，以致最终获得人才，以求公司与人才共同发展。

当然，人在职场做事往往有力所不能及的条件限制，如薪资体系限制、公司发展水平的局限，使公司给出的条件确实达不到候选人的要求，而候选人有更好的工作机会等。这些都是工作中总会遇到的问题，而做工作的过程就是要解决问题的过程。

HR 在条件不够的情况下，要秉持诚信负责的态度，有一说一，不可哄骗或忽悠，不可以失掉底线。

谎言不会长久，而且有损公司的雇主品牌形象，给 HR 带来麻烦。HR 要如实相告公司的情况，由候选人自己选择去留。或许，你的真诚也能打动候选人，使其接受录取通知；或许，虽然这次招聘没有成功，但多年以后，这个人还有与你或公司合作的机会。

当 HR 已经努力到无能为力时，则需要放过自己，给自己一个安慰的拥抱，并祝候选人好运。

凡是磨砺都是成长，一次失败，可以从中吸取教训、总结经验，是一次成长的机会。

“千磨万击还坚劲，任尔东西南北风。”保持优雅姿态，保持淡定和从容，胜败乃是兵家常事，让“子弹飞一会”，这是大将风度。重新再来，也许下一个候选人更合适。保持乐观，做一个向阳而生的自带正能量的 HR。

2.2 如何规避录取通知中的风险

【主题：录取通知中的风险】

HR 圈有个大新闻，有位女硕士杨同学于 2017 年参加求职类节目《非你莫属》，成功获得某公司销售运营总监助理的职位，并在节目中约定薪资为 13 000 元。根据约定，杨同学预计 2018 年 4 月入职。然而在入职前夕，该公司人力资源负责人告知其综合评估后，建议其从销售岗位入手，薪资以底薪 4 000 元+提成的方式达到综合收入 13 000 元。最后当事人在网络贴吧曝光此事，舆论四起，引起轩然大波。

因女硕士电视求职底薪 13 000 元变 4 000 元的情况属实，所以后来当事公司道歉并赔偿了。公司信誉因此受损。

看过新闻，秦牧歌也有点犯怵，急急忙忙地问我："'口头承诺'与正式录取通知是否有区别？工作中如何预防这种对外舆论危机？"

【解惑】

学会规避录取通知的风险，避免小事件引爆大危机

如果不是一个电视求职综艺节目，可能这个事件不能如此引人注目；如果不是底薪 13 000 元骤变成 4 000 元差距太大，也不至于反应如此强烈；如果遇到的对象不是爱憎分明的年青一代，又受教育多年，这件事情可能不会被曝光至此……

新闻闪回：在电视求职节目中，应届生杨同学和一家公司达成聘用意向，底薪 13 000 元，公司随后通知其入职。到公司体检时被告知底薪变为 4 000 元，杨同学拒绝接受，栏目组协调后称可以正常入职，但杨同学拒绝了：这样的公司不能再相信。

千里之堤，毁于蚁穴。一个招聘小事件，一度成为危及公司品牌和公众形象的大事件。可以说是得不偿失，代价巨大，远远大于月薪 13 000 元的成本。

参与方都付出不同程度的代价，应聘者在错失工作岗位的同时，则会因为新闻效应可能以后不太好找工作了；栏目组的公信力受损，收视率会受影响；代价最惨烈的是这家公司，失去“诚信”——这是商业社会最不容触碰的基本底线。这家公司的人力资源负责人因在事件中的自以为是的“专业”，以及工作的疏忽和敷衍也难辞其咎。

时代终归不同了，以前蚍蜉无法撼动大树，现在是蝴蝶煽动下翅膀都可能导致金融风暴。在互联网宣传的推波助澜之下，一个小事件，竟能引起如此轩然大波，给每位职场人都敲响了一记警钟——职场无小事，身边没有不重要的小人物。

警惕之心常在，敬畏之心常有。

对杨同学来说，她如约做入职准备并准备报到，表现出一定的职业素养；放弃大量秋季招聘机会坚持进入已经谈妥录用事宜的公司，表现出作为求职者的诚信；当公司“背信弃义”时，她深思后敢于拿起武器去对抗公司，表现出善恶分明的态度；明知道这个行为会给自己后面求职带来负面影响，却还是做了，表现出刚毅的品质。

她把事情想得很清楚，也知道轻重，毅然地站出来，给不公平、失诚信的公司一记响亮的“耳光”，用自己的经历给求职者一个经验，也给公司和 HR 一个教训。

对这家公司来说，教训必定是惨烈的，老板自然是有问题的。得道者多助，失道者寡助。老板要独善其身，提升修为，广得人心，才能基业长青，至少会受人敬重。

我想无数的求职者会对杨同学的做法拍手称快，对不诚信的公司嗤之以鼻。

HR 作为其中最重要的“背锅侠”，既是参与者也是裁判。求职者和 HR 可以从这件事中得到许多的启发和思考。以下启发和思考，仅供参考。

1. 对求职者的启发和思考

求职者应擦亮眼睛多方了解，慎重选择企业。

（1）求职者在找工作的过程中，不可相信口头承诺，应该以正式录取通知为主。

在面试中，面试官会表达出对你很满意的意思，有意录用，问什么时候可以入职。但这个不能作为正式邀约，因尚有不确定性。

因为面试录用决策并不是一个人就能决定的，大多数是需要走内部审批流程的，在走流程的过程中有可能遭遇“意外”；面试录用决策也不是一时就能决定的，如果当天又面试了更合适的人，你就有可能被替代。

一般来说，没有发正式录取通知的企业如果要出尔反尔，可以说一点代价都没有，不用负责任。只有发出的正式录取通知才具有效力，如果企业违约，则求职者可以申诉也可以获得赔偿。

求职者在挑选工作机会时，除考虑工资以外，薪酬福利等很多信息也需要格外留意。

（2）**谈钱不伤感情，薪资福利不简单，职业取舍更重要。**

谈工资不可只谈总数，细节也要问清楚。

固定和浮动的比率要清楚，有些看起来总数高，但是上浮的绩效或提成部分很难拿到，只能是“画饼”。像杨同学这次的13 000元是“无责任还是有责任的底薪”，则在入职时产生了歧义，这就是教训。

除工资以外还要考虑福利部分，如问清社保、公积金，是按总额作为基数还是按最低工资标准作为基数，有的时候差距高达三四千元；是否有过节费、年终奖、其他补贴部分；是否有股票期权、人才房等。

另外，还要考虑上班时间、加班时长和频率、上班路程成本、时间成本等。

以上，是在你确定企业、岗位、工作内容、企业文化都已经符合自己的期望时需要细致考虑的问题，也是在你有多个录取通知的前提下可以用于对比的重要条件。

选择入职企业，薪资福利虽说重要，但是比之更重要的是这家企业、这个岗位、企业组织氛围是不是你喜欢的，是不是符合你的职业发展方向，并对你的未来有提升。方向对了才有可能抵达终点，慢一点也没有关系。

如果能让自己增值的岗位薪酬暂时低一点也没有关系，因为你值钱了自然能赚到钱。行业日益萧条、内部消耗严重的，组织氛围欠佳的，工作不能使自己能力增值的企业，给你的薪资即使高也不适合去，因为你可能待不久，会浪费机会、浪费彼此的时间。

2. 对HR的启发和思考

作为一个HR，仅靠专业远远不够，能妥善应对问题、让结局好才是本事。

在处理杨同学入职这件事中，该公司人力资源负责人有不可推卸的责任，同时这件事也为HR提供了以下经验教训。

（1）**在管理岗位上，除要有专业判断外，更需要拥有对企业运营的全盘考虑和宏观的战略格局。**

虽然杨同学的专业背景和经验与目标岗位及薪资会有差异，但是要清楚这不是一次常规的招聘——这是电视节目上的竞聘，老板当着全国人民的面拍板同意的，也附带着广告价值，万众瞩目。

如果只从人岗匹配的专业方面去判断，则会一叶障目，不见泰山。

显而易见，关于杨同学的这个事件付出的代价，远远大于聘用一个或许“不胜任岗位”的员工的成本。假如当时该公司能让邀约继续生效，让她先入职，之后再在试用期中做进一步考察，则事情的结局可能大不相同。

（2）**要为自己的意见负责到底，做好风险预警，提前准备全方位的解决方案并有能力执行。**

该公司人力资源负责人一开始就有自己的“专业”意见：杨同学与目标岗位不匹配，岗位和薪资要调整。但没有在录取通知发出之前做相应变动，而是在录取通知发出之后做变动，这种做法让人对人力资源负责人的专业能力产生疑问。

该公司人力资源负责人在长达一年的时间里，都没能妥善沟通和及时处理因自己的专业判断而导致的突发事件，也没有及时把握事件的动向，更没能恰当地平息纠纷，任由事件发酵，酿成这个危机。

在参与方全输的结局里，公司替人力资源负责人承担了责任。所谓的HR的专业性，如今看起来就是个讽刺。

所以，在工作中，你可以提意见，但请你带着解决方案来提意见，不只要有方案还要有能力执行，而且还要能够有好的结果。请给公司好的结果。如果你还没想明白这些，那就按照约定办事，慎重提意见。

（3）**做事之前多想前因后果，正确应对问题。**

在工作中，HR 既要执行老板、用人部门的指令，为各个部门做支持和服务，还要与社会各界打交道。凡事多了解前因后果，多想对策，而不是只单纯地固守自己认为的专业。要懂得基于事情发展情况与周边人进行配合，维护企业的“大利益”而不是自己地盘上的“小原则”。

HR 应多为大局想想，如企业需要的是什么、老板这样做的目的是什么，而不能为了“专业”而不顾及企业颜面。

HR 的专业表现能够获得好结果，这才是硬道理。

总之，HR 在处理问题时要多思多想，巧妙地化解一些危机，要为企业的发展保驾护航。

再小的失误都可能引起轩然大波，HR 不得不随时保持警惕性。

2.3　如何帮助试用期的新员工快速融入工作环境

【主题：新员工管理】

招聘不容易，留人、用好人也不简单。

秦牧歌所在的公司很重视新人的引进。她公司的领导为了留住人才，希望公司的 HR 做好新员工管理，如在试用期的新员工入职后，HR 需要帮助他们快速融入工作环境，要让试用期的新员工感受到公司的关怀与温暖，同时能够迅速地融入团体，适应自身工作岗位并做出业绩。

于是，秦牧歌问我："帮助试用期的新员工快速融入工作环境，应该从哪些方面入手？"

【解惑】

帮助试用期的新员工快速融入工作环境的六个重点

这几年企业的招聘变得越发困难，因为招到一个合适的人才都已经不容易了，而招到的人才又很容易流失。

因此，大多数企业领导为了吸引和留住人才，希望 HR 将招聘做得更深入些，做好新员工管理。例如，在试用期的新员工入职后，HR 需要帮助他们快速融入工作环境，要让试用期的新员工感受到企业的关怀与温暖，同时能够迅速地融入团体，适应自身工作岗位并做出业绩。

历经层层筛选和角逐，一家公司选择了一位候选人，而这位候选人也选择了这家公司。到了约定的入职日期，这位候选人到这家公司办理了入职手续后成为这家公司的新员工，进入试用期。

一般来说，试用期是员工流失率相对比较高的阶段，新员工在考察公司，而公司也在考察新员工。作为 HR，自然是想尽量提高新员工的留存率，这样才不会让招聘功亏一篑。

那么，HR 应该如何帮助试用期的新员工快速融入工作环境和团队，并发挥自身价值呢？我认为可以从以下六个重点入手。

1. 尽早开始试用期的新员工的入职培训，并且做好入职培训工作

试用期的新员工入职后，对其越早进行入职培训越好。因为通过入职培训可以让试用期的新员工快速了解公司，对公司的发展情况、公司文化、业务流程和管理制度等都可以进行全面的了解。

同时，入职培训也能使试用期的新员工对招聘者在招聘过程中提到的一些事情进行验证，并且可以使试用期的新员工进一步坚定自己的选择。

试用期的新员工的入职培训，是 HR 做好新员工管理工作时重点要做的、职责范围内的事情。入职培训做得效果如何，对试用期的新员工入职后的工作表现来说特别重要。

2. 为试用期的新员工配备一对一的导师

为了让试用期的新员工更好地工作，HR 可以与其直接上级共同商量，尽快为其配备导师。

可以在公司内部正式建立导师制度。导师制度规定导师对试用期的新员工进行“传帮带”的辅导，并给予优秀导师一定的导师福利或补贴。

一般来说，应选择在公司有一定影响力的优秀员工做试用期的新员工的导师。优秀员工可以将公司的优秀传统传承下去。

3. 为试用期的新员工提供难度系数合适的工作

试用期的新员工刚入职，既不能把他们当成无所不能的高手，也不能当成什么都不懂、什么都不会干的实习生。而应该基于试用期的新员工的工作经验、能力和资历，为其安排难度系数合适，既可以快速上手又需有所提升的工作。这样试用期的新员工才能扎实地在公司“落地生根”，茁壮成长。

对试用期的新员工来说，如果一开始被安排的工作太简单，则容易看轻这份工作的重量，产生懈怠和被低估价值的感觉；而如果一开始被安排的工作太难，则在一开始就会受挫，会变得极度不自信，继而因心生畏惧而放弃工作。

直接上级要给试用期的新员工提供难度系数合适的初始工作，这样试用期的新员工才可以通过完成工作了解公司的经营情况，并逐步融入公司。HR 也应该重点关注工作安排这个方面，为用人部门的主管提供意见和建议。

4. 为试用期的新员工提供职业发展规划的意见或建议

一般来说，为试用期的新员工提供职业发展规划的帮助，应该从招聘接洽期间就开始了。通过了解试用期的新员工的履历，为他在本公司能获得的职业发展提供必要的信息，以使员工与公司共同发展。

试用期的新员工对自己的职业认知有一个探索过程。每位员工都会在不同阶段，对自己的职业发展规划有其独特的想法或诉求。他们追求的可能是成就感、安全感、权力、财富或工作的挑战性等，不一而足。

让试用期的新员工明白，他的有些愿景可以在本公司实现，并且告知他，他在本公司可以往哪些方面去发展自己。HR 应大力支持员工的职业探索。员工强，则公司强；公司强，则员工更强。

另外，HR 有必要多宣传职业稳定性的重要性，通过教育使试用期的员工知道不宜频繁跳槽，而且在一家公司服务的时间不宜太短。职业生涯的连续性有利于更健康稳健的个人发展。专业能力的积累是需要时间的，要保持良好的心态，在职业道路上长久地坚持下去。这样做可以为试用期的新员工打“离职预防针”，增加对于挫折打击的耐受性。

5. 重点加强管理者的领导能力和管理技巧的培训

据不完全统计，有相当一部分员工是因为直接上级而离职的。在日常工作中，与试用期的新员工接触最多、对其影响最大的人，就是其直接上级。

人力资源部门很有必要加强基层、中层管理者的领导能力和管理技巧的培训。管理者技能成熟、管理到位，才能让员工有好的工作体验，这对新老员工来说都是有好处的。

试用期的新员工的直接上级严格按照工作规范办事，并且尽可能做到最好，对于培养新员工的规范、熟练、精湛的业务技能，十分重要。直接上级的管理风格和管理能力，对于团队的工作绩效水平和新员工体验都是很重要的。

6. 为试用期的新员工提供一些快速融入团队的工作技巧和为人处世的技巧，帮助其通过试用期

HR 及管理者应该多关心试用期的新员工，为帮助他们通过试用期，应为他们提供以下一些快速融入团队的工作技巧和为人处世的技巧。

（1）**主动向领导和同事学习。**

面对新环境，试用期的新员工会面对很多的未知，有不懂的可以问，但更应该积极主动地学习。

试用期的新员工先把制度、流程、手上现有的资料翻看完，如还有不懂的可以在别人方便的时候去问。

问的时候要看合适的时机，如可以在别人不太忙的时候有礼貌地问。问过以后，多总结，切忌一个问题问两遍或多遍，也忌讳老问一些入职资料中有答案的问题。

（2）**尽快学习和了解公司的制度、文化、流程，快速掌握所在部门和公司的整体运营流程。**

试用期一开始，就应该全面学习和了解公司的情况，尤其是制度、文化和流程。凡事主动，不要等也不要靠。

新工作都会有试用期，试用期的新员工要主动、积极地学习。在处好同事关系的同时，还要对自己的工作用心，在熟悉流程的同时总结高效方法，为顺利通过试用期考核积累足够好的工作业绩成果。

刚进新公司，多和同事们接触，懂得配合和团队协作，熟悉其他人的工作方式和风格，融入团队，为通过考核做好充分准备。

（3）**“少说，多听，多做”，处理好人际交往中的每个细节。**

因为每一位老员工对试用期的新员工的评价都关系到他的去留。在试用期内，少说话多做事。尊重每一位同事，同时在待人接物的细节上也要注意以下几点。

1）礼貌，微笑，真诚地赞美别人。

2）真心地关心他人，学会并认真倾听。

3）尽量不和别人争辩。例如，如果别人说你的“不是”时，记得先说“谢谢”，不要当面指责别人的错误。

……

做到以上这些，能为试用期的新员工快速融入工作环境打下坚实基础。

因为这样做，你才能不知不觉地融入团队。

总之，HR 怀有提高试用期的新员工在公司的留存率的美好目标是对的。提高试用期的新员工的留存率，需要人力资源部门在公司层面多做一些管理和制度建设的提升，而通过试用期考核也是试用期的新员工需要主动应对的一次挑战。HR 适度关心、适度辅导试用期的新员工就好，不要干涉太多。

如果 HR 过多干涉，则会过多地掺杂个人的主观情感因素，不利于进行公正客观的试用期考核，也会让用人部门的管理者和试用期的新员工产生过度依赖心理，使自身的工作量加倍增加而不能聚焦于主要工作。

在试用期管理的过程中，部门管理者和试用期的新员工才是主角，作为配角的 HR 做好支撑和辅导工作，才是聪明的人。HR 可以做个幕后英雄，在试用期管理工作中扮演好军师和顾问的角色。

2.4 员工关系管理工作应该如何开展

【主题：员工关系】

最近，秦牧歌的工作量增加了，同时负责了员工关系管理工作。由于经常需要和各部门人员打交道，久而久之就和各部门同事的关系都还不错。

然而，最近她发现她好像成了员工的“知心姐姐”：员工对直属上级有意见找她吐槽，部门主管对其他部门主管或内部员工有意见也来找她吐槽。她成了大家倾吐心声的“知心姐姐”。

虽然秦牧歌很感谢同事信任她，找她反馈意见，但是找她反馈的这些信息都含有个人主观情绪，她感觉既不好处理，也对本身工作无益。对此，秦牧歌不知道该怎么办了。

于是，秦牧歌问我：“管理员工关系的人该不该成为‘知心姐姐’呢？成为‘知心姐姐’后员工关系管理工作如何做呢？”

【解惑】

员工关系管理工作应该这样做

应该如何开展员工关系管理工作呢？我是这样跟秦牧歌分析的。

最近流行一种说法：高薪都激励不了人才。

未来最可怕的不是迎来大波的员工离职潮，而是频繁出现高薪都已经留不住人才的情况。

因此，面向未来，HR 如何发现人才、留住人才、留对人才、激励人才，已成为各家公司要重点解决的问题。而如何开展员工关系管理工作则是解决这个问题的重要一环。

员工关系是指一种合作关系，即劳资双方的合作关系。员工关系会对公司的发展产生很大影响，这种关系的发展情况取决于社会环境的发展，以及管理者对员工的基本看法如何。

秦牧歌作为负责员工关系管理的管理人员，由于她为人处世不错，深得同事信赖，所以将自己发展成了员工的“知心姐姐”。

然而，成为“知心姐姐”好不好呢？

成为“知心姐姐”其实挺好的。因为，拥有“知心姐姐”的这个形象定位，无疑为做好员工关系管理工作打开了一个非常好的突破口。然而有了突破口，想最有效地开展工作还需要全方位地升级自身能力，包括从思维理念到行为逻辑的方方面面的升级。

以下将详细介绍成为“知心姐姐”的 HR 应该如何开展员工关系管理工作。

1. 扮演“向外承接战略，向内打造公司文化”的管理者角色

当 HR 成为员工的“知心姐姐”时，要想做好员工关系管理工作，需要扮演“向外承接战略，向内打造公司文化”的管理者角色。

向外承接战略是指向外看，聚焦公司的业务重点、战略方向，引导员工向公司期望的方向去发展他们的行为模式。

向内打造公司文化是指向内看，聚焦公司的愿景，通过建立符合公司目前发展需要的新的激励机制，打造勇于创新、突破、挑战的多元化的公司文化。

2. 培养成长型思维，把收集到的信息转化成有用的决策依据

培养成长型思维需要不断地学习，然后把很多的不可能变成可能，以突破自身思维的边界。成为“知心姐姐”的 HR 要善于感知趋势和变化。

成为“知心姐姐”的 HR 要把收集到的信息转化成有用的决策依据，并且对其进行归纳和总结分析。

例如，可以对收集到的信息进行筛选，将有用信息变成 HR 制定一些制度的依据，完善人力资源管理的工作流程等。这样做，不仅可以使员工遇到的问题都能得到重视和解决，也是对员工的一种有效反馈，有利于与员工的关系发展。

3. 学点心理学知识，多帮助员工，并且在员工活动的形式上多做创新

我一直都坚持认为 HR 要懂点心理学，负责员工关系管理的 HR 更需要懂

心理学，因为你的工作一定是与人打交道的。试想如果在工作中能通过自己学习的心理学知识扮演好倾听者的角色，甚至能帮助员工解决心理困扰，那么他们的压力就会得到缓解，也会感受到被关心和爱护，以至于身心愉悦，这样会对他们的工作有益。

如果员工的负能量过多，对上级有诸多抱怨，则会对他们的工作产生消极影响。HR 可以通过开设职业素养培养的课程或者引入员工心理援助计划，或者聘请专业心理咨询师作为公司咨询顾问，不定期给员工提供心理帮助的服务。

一般来说，负责员工关系管理的 HR 可以利用心理学的方法和工具来缓解员工的压力，理解员工需求，再策划一些员工活动，则可以打造和谐的工作氛围和良好的公司文化。

然而，新时代有新做法，HR 要与时俱进，可以利用移动互联网的一些手段为员工设计创新活动，以打造更优质的员工关系。

一般来说，好的员工活动，能帮助公司形成组织凝聚力，打造积极向上的工作氛围，更能提高员工的忠诚度。

关于员工活动的形式可以借鉴那些做得好的或移动互联网公司的做法，使员工活动有更多丰富的形式。

2.5　如何解决员工冲突的突发事件

【主题：突发事件】

人们在工作中总会遇到一些突发状况。

最近，秦牧歌的公司里有两名员工因为同时追求某位女同事而发生感情纠纷，在上班时间大打出手，虽然没有造成较大的人员伤害，但是带来了很不好的影响。

在处理这件事的时候，由于考虑这两名员工都是年轻小伙子，所以他们所在部门的领导想给予员工一次改过自新的机会，而老板想开除他们以正风气。

由于秦牧歌的公司刚刚成立，有些制度并不完善，所以没有相应的规章制度能够使她直接开除这两名员工。对于这样的情况，秦牧歌问我："应该如何处理呢？"

【解惑】

无制度支撑时，如何解决员工冲突的突发事件

先来拆解下这个事件。

事件过程：公司两名员工因为同时追求某位女同事而发生感情纠纷，在上班时间大打出手，即员工在上班时间打架。

事件影响：没有造成较大的人员伤害，但是带来了很不好的影响。

各方面的意见：员工的部门领导想给予员工一次改过自新的机会，而老板想开除他们以正风气。

难点和问题：公司刚刚成立，制度并不完善，没有相应的规章制度支持开除员工。对于这样的情况，应该如何处理呢？

1. 了解事情真相，并且与事件当事人、目击者逐个面谈

先了解事情真相，再与事件当事人、目击者逐个面谈，以了解员工诉求及思想状态，为制定处理方案准备事实依据。

任何事件的处理都应该在了解事实的基础上进行处理。不了解真相，你的方向和做法就没有根基，还可能有方向性的错误。

先了解引起打架的事由，跟当事人一个一个地单独沟通了解，再通过其他在场员工进行侧面了解。

了解完事情的经过，再与打架的员工细聊，了解他们这样做的原因，对这件事情的看法，是否认识到错误，事后有什么打算，是否有离职的打算，后面准备怎么给公司及同事交代等。此外，告诉他们公司是不允许发生打架这件事的，以及产生了怎样的负面影响，使其认识到严重性。

2. 寻找处罚依据，制定处罚方案

（1）**参考法律条款，寻找处罚依据，制定处罚方案**。

如有制度，则要以制度为依据。

如果公司刚成立，对员工打架暂时没有相应的规章制度，就不能以“严重违背公司规章制度”的条款，来对员工进行辞退了，而需要找法律制度作为处罚依据了。

与打架的相关法律条款如下。

《中华人民共和国刑法》（以下简称《刑法》）第二百三十四条规定，故意非法损害他人身体的行为为故意伤害罪。

故意伤害罪立案标准：根据《最高人民法院关于适用<中华人民共和国刑事诉讼法>的解释》第一条的规定，人民法院直接受理的自诉案件包括（二）人民检察院没有提起公诉，被害人有证据证明的轻微刑事案件：1.故意伤害案（《刑法》第二百三十四条第一款规定的）。故意伤害他人身体，应当予以立案，不需要达到轻伤以上标准。

故意轻伤害的，不存在犯罪未遂问题，即行为人主观上只想造成轻伤结果，而实际上未造成或造成轻微伤结果的，不以犯罪论处。伤害意图非常明显（比如致人重伤、死亡），且已经着手实行伤害行为，由于意志以外的原因未得逞的，应按故意伤害（未遂）论处。

有员工打架斗殴行为的，可以报警处理，交由公安机关依据相关法律法规处理。

《刑法》第二百三十四条规定，故意伤害他人身体的，处三年以下有期徒刑、拘役或者管制。

《中华人民共和国治安管理处罚法》第二十六条规定，有下列行为之一的，处五日以上十日以下拘留，可以并处五百元以下罚款；情节较重的，处十日以上十五日以下拘留，可以并处一千元以下罚款：

（一）结伙斗殴的；

（二）追逐、拦截他人的；

（三）强拿硬要或者任意损毁、占用公私财物的；

（四）其他寻衅滋事行为。

第四十三条规定，殴打他人的，或者故意伤害他人身体的，处五日以上十日以下拘留，并处二百元以上五百元以下罚款；情节较轻的，处五日以下拘留或者五百元以下罚款。有下列情形之一的，处十日以上十五日以下拘留，并处五百元以上一千元以下罚款：

（一）结伙殴打、伤害他人的；

（二）殴打、伤害残疾人、孕妇、不满十四周岁的人或者六十周岁以上的人的；

（三）多次殴打、伤害他人或者一次殴打、伤害多人的。

法律是这样规定的，在处理问题的时候可以参照使用，向当事人明示打架斗殴的法律风险，起到震慑作用。至少可以作为劝退的理论依据，以儆效尤的论据。

法律是冰冷的，人是有感情的。作为公司的 HR，从情理角度来看，对于这件并没有造成“严重伤害”的事件，不到万不得已还是不要麻烦警察了。

最好是内部处理，尽量以批评教育为主。

（2）制定处罚措施，经领导同意后执行。

了解事实真相以后，结合《中华人民共和国劳动合同法》以下简称《劳动合同法》对辞退员工的规定，以及法律对打架问题的治安处罚措施，制定处罚方案后向领导汇报处理方案，由 HR 的直属领导做决策。

谨记处罚方案不以自己个人的意志为准，不要擅作主张，一定要经过各级相关领导达成共识后审批，再予以执行。

作为HR，要尊重管理者的意志，服务并服从上级。上级领导、部门领导是HR的大客户，让客户满意，是HR孜孜以求的目标之一。

可供参考的处罚措施有以下选项。

1）让打架的当事人写检讨书。

检讨书内容要包括事情的经过、违反的制度、事件的影响、当事人个人对这件事的看法，以及当事人对自己所犯错误的深刻认识。检讨书是当事人承认错误的一个证明。

2）开除或劝退主动挑事的主要责任员工，其他涉事员工进入观察考核期。

如果不想事件牵涉面太大，则可以处理事件主要责任人，即谁犯错谁承担责任。

可以从公司的态度、法律的规定，以及对管理其他员工造成影响等方面，对涉事的主要责任员工进行劝退，劝其主动离职。

之后，对其他涉事员工进行批评教育，并且使其进入观察考核期，视其认错态度和对工作的珍惜程度，对其进行管理和继续使用。

总之，本事件无论处理结果如何，都要以通告形式公布，让所有员工看到并以此为戒。

3. 针对员工关系的问题处理，HR需要学习的方式和手段

（1）学会讲道理，以理服人。

有的时候HR要像传道士一样，在公司中经常宣传职业素养、品行道德、法律规范等内容，甚至要给员工灌输人生哲理。在日常工作中需要经常告诉员工做人的道理，这是HR必修的功课，也是处理好员工关系的必备能力。

（2）善用外力协助自己进行沟通说服。

不是每个人都和HR很熟的，遇到阻抗无法往下进行的时候，可以请对应的领导、相关人员，乃至员工家人共同解决员工发生的突发恶性事件。有时候，自己说不如请员工最在乎的人帮忙游说，员工更能听进去，效果也会更好。

（3）**先沟通安抚，再在公司通报批评，并给予改过的机会。**

该处罚的时候，要用适合的方式处罚，从严管理。但在公司通报批评以前，先沟通安抚，再让员工签字认可通报批评的内容，并给予员工改过的机会。不经员工确定的处罚，可能有风险。

（4）**依法处理，借助公安机关的力量。**

公司的治理，需要在法律底线之上，同时也受法律约束和保护。万一遇到穷凶极恶之徒的威胁时，则可以诉诸法律，请求公安机关协助。

2.6 如何对待离职员工

【主题：员工离职管理】

有篇新闻报道说：某员工离职才三天，就被原部门的全体同事拉黑。有同事悄悄告诉该员工，是老板要求所有同事当面把这位姑娘拉黑的，杜绝与她的一切联系。理由是："她不懂感恩，公司培养了她三年，结果合同到期就狠心离开，丝毫不考虑公司遇到的困难。"

这种做法对吗？

秦牧歌对于离职员工，也不知道是该继续保持联系还是该老死不相往来？作为HR夹在老板和离职员工之间着实尴尬。

那么，对于离职员工，是否应该拉黑呢？应该如何对待离职员工呢？又该如何有效管理离职员工呢？

【解惑】

如何正确对待离职员工

员工离职后另谋高就是职场再正常不过的事情了，而且适当的离职率对保持企业活力和发展是有益的，相当于组织的新陈代谢。不允许员工离职是狭隘、短视的行为。然而，过高或过低的离职率则会影响企业发展，所以越来越多的企业开始重视离职管理了。

企业该如何对待离职员工，以及如何做离职管理呢？

从人力资源管理的角度来看，企业不应该怨恨离职员工。

面对员工的离职，很多老板的第一反应是觉得员工的忠诚度不够，却很少去反思企业是否给予了员工忠诚的条件。企业应该要反思在自身管理的过程中是否有疏漏，并且改进企业的管理方式，而不是怨恨离职员工。企业一味地否定、责怪离职员工是不妥当的。

从心态上来看，企业要认识到适当的离职率对企业保持健康发展是有益的，所以不要认为员工离职一定是坏事情。与其让员工在企业中消极怠工、得过且过、影响他人，不如将其置换为更积极高效的"新鲜人才"。

企业要正确认识员工离职这件事情，并且借助离职员工，找到企业存在的问题，从而改进管理水平。

1. 应该以怎样的心态对待离职员工

企业应该如何对待离职员工？以怎样的心态对待离职员工呢？

首先，请企业尊重离职员工。

现实中总有企业一旦得知员工要离职了，就对员工产生不信任、质疑、怨恨等不良的情绪，这样做不仅于事无补，还失了企业的气度。

离职员工实际上也是企业的宝贵财富，运用得好，发挥的价值可能比在职时还要高。

因为离职员工会对外宣传企业口碑、企业形象和企业理念，而且如果员工离职后可能有更好的发展（去更大的同行公司或创业），则可以与之前任职的企业开展更多的商务合作，或者可以给企业推荐优秀的候选人等。

如果企业和离职员工之间在离职时和离职后的关系处理不好，闹得不愉快，那么会给企业带来不良的影响。如果让离职员工含怨离开企业，则对双方都不利。

面对离职员工，企业的正确心态是大度一点，既然留不住员工，那就尊重员工的意愿，好聚好散地帮助员工办理相关手续，并且祝福员工有更加美好的未来，而且欢迎他日后再回来。

2. 如何完善离职管理工作

从人力资源管理的角度来看，为了保证工作的顺利开展，要维系好与离职员工的关系。对于离职员工的管理，人力资源部门可以在以下六个方面下功夫。

（1）**建立健全离职管理制度**。

离职管理制度和入职管理制度一样，应当引起企业的足够重视。健全的离职管理制度，不但能使离职办理过程更顺畅，还能防止管理上的隐患发生。

从员工提出离职申请开始就要有书面的、可追溯的文件和流程，确保离职手续的顺利进行。本着对双方负责的态度，严密设计每一个环节。从制度上规定需要交接的工作内容、文件资料、客户信息、项目进度等。在交接过程中，相关人员和部门等都应有明确的交接记录和文件记录，把离职对企业运转的不良影响降到最小。

（2）**注意商业秘密保护和竞业限制、脱密期和培训服务协议的签订。**

离职管理需要维护企业的利益。在员工要离职时，保护企业的商业秘密是必须要做的，因为重要的技术信息和商业秘密关乎企业的经营发展，企业要有相关的制度来加以保护，在离职管理中进行风险防控，以免将来伤害企业的利益。

在处理离职的过程中，尤其是对核心岗位的员工离职，要根据情况，与员工签订保密协议、竞业限制协议，明确保密的期限、竞业限制的期限、竞业限制补偿金，以及违约后果等。如有必要可签订脱密期协议。

此外，需要再查下员工是否在培训服务期限内，如果在培训服务期限内离职，可以要求员工支付未完成的培训服务期限内的培训成本。

在《劳动合同法》里，约定需要员工支付违约金的目前只有这两处——竞业限制约定、培训服务期约定。

（3）**做好离职面谈，总结离职原因，吸取经验以提升企业管理。**

离职面谈是离职管理的重要环节，也是员工管理的重要一环。HR 要认真对待。通过离职面谈，从员工身上深刻挖掘出企业管理中存在的问题，并且真诚地希望员工站在实际工作的角度上给予企业一些意见和建议。

只要用心沟通，离职员工往往敢于吐露真相，说出企业的问题和改善的建议。随着时间的积累，收集的问题和建议多了，你就会发现这是一笔宝贵的财富，对于提升公司的管理非常有价值。

离职面谈在每个企业中的形式都不同，但是专业的离职面谈的内容一定包含以下六个方面。

1）了解离职员工真实的离职原因。

2）从离职员工的角度发现企业的问题。

3）希望离职员工给出对企业的建议。

4）告知离职员工后期手续的办理流程，帮助其顺利办理离职。

5）感谢离职员工一直以来的付出。

6）告诉离职员工企业大门永远对他敞开，希望以后重归“故里”。

离职面谈，对 HR 的沟通能力和亲和力的要求比较高，要亲切、随和并可以得到员工的信任，可以使员工愿意讲真心话。

有时，在离职面谈过程中，要具体情况具体分析，要将心比心地为离职员工着想。如果 HR 能够把离职员工介意的离职诱因解决，或许还会发生剧情“反转”，使离职员工收回离职决定。因为离职员工在离职面谈环节如果再次感受到公司的温情，那么经过权衡利弊的再次思考后撤销离职申请也是有可能的。

（4）**做好工作交接，防止工作停滞**。

如果员工与企业的“分手”在所难免，那就做好工作交接。熟悉原岗位的员工离职对企业的正常运营肯定是有影响的，这一点不可能完全避免。而交接工作做得好，就会大幅度降低因离职而产生的不利影响。

做好离职工作交接，尽快寻找能够接手的人选，要保证有足够的时间用于做工作交接。如果是管理岗位上的人员离职，则最好在日常的工作中就有“备选”人员或者副手，让其接手相关的工作。

另外，要求离职员工列出工作清单，并且逐项监督其完成交接。对于重点的工作和客户则要高度重视，要重点交接和转移给其他员工。对于离职员工所涉及的资料、物料，企业财务人员要做好清算和回收。

（5）**从企业内部总结离职反映的管理问题，亡羊补牢，弥补管理缺陷，提升管理水平**。

俗话说：“一个巴掌拍不响。”因为不熟悉而在一起，因为了解而分开。员工离职，或多或少都会反映企业的管理不足，总会有一个管理问题是员工离职的诱因。即使员工宣称离职是因客观原因，如身体不好、回老家、离开城市等，很大程度上也是借口而已。

所以，从企业内部总结离职的原因是聪明的做法。通过员工离职这件事情看企业管理的现状，就会发现问题。如果及时将问题解决掉，那么必将在未来降低离职率而且给企业发展带来裨益，提升在职员工良好的工作体验，甚至给企业带来更好的效益。

（6）保持联络，发挥离职员工的更多价值。

员工离职了，并不是就成为陌路人了，所谓“人走茶凉”马上就变脸拉黑的做法是愚蠢的。从发展的眼光来看问题，离职的员工很有可能“荣归故里”，尤其当此员工是一个行业的或领域的专家型人才时，更是如此。

有以下方法可以借鉴和实施，帮助企业发挥离职员工的更多价值。

建立离职员工资料库和微信群组，逢年过节或在公司有重要庆典时邀请离职员工参与活动，不定期地与离职员工保持联络，适当地表达对离职员工的关怀，邀请离职员工关注企业的大事件和行业动态等信息。如果有适当的机会可以邀请离职员工参与企业建设等。欢迎离职员工随时“回家”，这也是给人才招聘保留了一条捷径。

许多大型的集团企业都有离职人员的微信群组，由专人管理，定期会有各种信息共享的活动。有些企业也有每年邀请离职员工代表来参加年终答谢会的传统，并时不时地邀请他们参与部门聚会。离职员工感受很好，以至于时不时有离职员工重返公司的情况出现，还有离职员工热心地给企业介绍优秀的候选人。

总之，企业善待离职员工，不只是让离职员工有好的体验，也是做给在职员工看的，彰显企业的胸襟和气度。同时，企业在分别时刻多一些豁达和超然，给予离职员工尊重和祝福。相信这一份善缘，会让离开的人心存感激，一旦有机会回馈的时候，必定投桃报李，以使企业形成独特的一份温情和正向吸引力。

2.7　如何策划和组织一场别开生面的年会

【主题：年会策划】

每年的年底晚会都是彰显各家企业实力和主办人员工作能力的舞台。

秦牧歌也想学习如何办一场别开生面又意义深远的年会。于是，秦牧歌问我："年会有哪些好的创意？可以设置哪些节目？准备哪些环节呢？在筹备年会中，有哪些重点注意的事项要格外用心呢？"

【解惑】

黄金年会是怎样打造的

年会的准备工作千头万绪，是一场大工程，也是扎扎实实的一场硬仗。以下将告诉你一场靠谱的黄金年会究竟是怎样打造的。

总体来说，企业通常会根据行业特点、企业人员构成、企业文化、季节特点及成本预算等，来设置不同类型的企业年会。例如，设置以答谢客户、员工总结、公司总结、公司联谊、年终奖励、公司聚餐等为主题的企业年会。

年会的设计，要体现本企业的特色文化，契合领导和员工的爱好，以期达到上下团结、拥有凝聚力、热热闹闹、欢欢喜喜的效果。如果还能带来些许感动则更好。

那么，怎么打造一场靠谱的黄金年会呢？

策划年会前期，需要成立一个专门的临时小组来负责年会的具体计划、组织、协调、实施。这样则有统一的指挥和调度，既可以做到分工明确，又可以提高效率。

策划年会的攻略、主要动作分解，简述如下。

首先，要确定所举办年会的主题，然后围绕主题进行一系列的策划。

其次，确定时间、地点、人物、活动、流程等，并且详细地写在策划书上。

最后，经领导审核通过年会策划书后，付诸实施。

具体来说，年会详细操作攻略如下。年会设计的八大环节确保年会万无一失。

1. 确定年会目的

年会无论是为了答谢也好，奖励员工也好，公司总结也好，无非就是从公司方和员工方两个方面来看，确定各自的主要目的和诉求。公司领导需要的是给员工论功行赏，感谢员工，让员工来年有干劲，要做的就是讲话讲好、活动做好、让年会效果好。员工方面，要求比较简单：吃好、喝好、玩好，开心一下。

2. 确定年会主题

大部分公司的年会主题就是当年年会的关键词。大多数公司的年会都可以归纳为八个字：回顾过去、展望未来。

可以在年会筹备组中进行内部创新，也可以在全员中有奖征求，以带动年会前期的氛围。

主题最好以口号形式出现，要求简短，朗朗上口，并且结合了公司情况，可以向员工征集。

3. 确定年会形式

年会的形式要考虑内容、时间、人数、场地等因素，一般有以下三种形式。

（1）**全员大会+节目表演形式**。

采用全员大会+节目表演形式的年会一般将表彰大会和表演合在一起，举办年会的场地需要有舞台和桌椅。这种年会的举办基本上需要一天时间，上午进行比较严肃的全员大会，包括领导讲话、领取新一年的工作任务、调整架构、颁布新任命通知、表彰优秀员工和优秀团队等。下午进行比较轻松的节目表演，以员工的节目表演为主，过程中可以穿插优秀员工感言、新员工的体验分享、老员工的感受分享，以及抽奖、各种团队秀等。

这种形式的年会的会场布置得虽然很实用，但缺陷是给人的感觉太过严肃拘谨了，让参加的人不够放松。而且，年会之后的晚宴需另找地方。

（2）**聚餐+节目表演形式**。

采用聚餐+节目表演形式的年会的场地选择比较简单，只需要有舞台、音响设施，而舞台下面可以按人数摆放餐桌即可。一般来说，各大饭店均有舞台搭建的服务，使用者仅需要设计会场布置图给饭店，他们就可以完成场地搭建。

需要注意的是越大型的场地越难找，需要提前很长时间预定。找场地是需要花点心思的。500 人以上的企业经常有要办年会但实在找不到场地的情况出现。如果真的遇到没有场地的情况，就需要发散思维多想一些别的选择了，如一些景区、大会堂、音乐厅、体育馆都是可以考虑的年会场地。

年会的节目则需要向各个部门征集，以期能发动员工的积极性，体现主人翁精神。可以设置优秀节目、最受欢迎节目等奖项，在年会结束时，公布获奖节目，颁发奖品或奖金。

如果节目数目凑不齐或为了效果更佳，则可以聘请专业的表演团队，将整场气氛推向高潮，同时进行就餐，使参加者在餐桌上进行交流。

在此种形式的年会上压力比较大的是主持人，他们需要贯穿全场，要具备较强的灵活控场能力。一场年会，可以多配备几位主持人，而且要男女搭配，两两一组。

（3）**团队旅游形式**。

如果经费允许，则将年会外包给旅游公司来组织会比较简单，并且使年会充满了乐趣。

到了年底，如果公司业务不忙，时间充足，则可以选择东南亚海岛游、阳光灿烂海南游、新疆探奇之旅、乌鲁木齐冰雪游等活动，也可以选择邮轮出海游，而且在大型邮轮上一般有办舞会、安排晚宴等活动的场所。印度尼西亚、泰国等都是国内公司年会旅游的好选择，价格方面视人数而定，一般为 3000～6000 元。

如果选用旅游形式，则可以打造出令员工津津乐道且被别人羡慕的年会。

总之，选择年会的形式，需要根据公司规模来定。一般来说，规模小的公司多以聚餐为主；规模大的公司，年会的形式比较丰富多彩，活动多，充分体现了人多创意多的特色。

当然，实质大于形式，具体还要根据年会的主题内容来确定年会的形式。

4. 做好年会的流程细化及准备工作

如果年会的形式定下来，就可以进行细化的分工和筹备工作了。先确定年会举办的时间、年会的主题和内容、年会流程的整体时间安排。

一般来说，年会的举办时间尽可能选择周末或年会之后的第二天可以休息的日子。准备年会活动时，需要细致到每个小的环节、每个环节的时间点。

年会的具体流程示例如下。

1）会务组全员到签到处点名，并且细分工作。（要求会务组的所有成员必须统一服装，特殊岗位除外，如摄影人员。）

2）客户签到，（客户要佩戴胸花）走红地毯、签名（红地毯两侧安排主管们热烈欢迎他们入场），主持人引导他们进会场，聚光灯引导客户入座。（注：会场内要放动感的音乐，门口要有礼仪人员引位。）

3）员工同时入场。

4）主持人上场，先自我介绍及热场，再介绍到场嘉宾。（提前准备演讲稿，多演练。）

5）主持人带动全员先来一支开场舞。（由所有的领导上前领舞。）

6）放视频（全年回顾）。

7）颁发奖励，主持人逐一邀请受奖人上台来领奖、分享、合影。（中间可穿插一些文艺节目。）

8）下半场开场时安排两场热场舞。

9）团队展示，例如展示团队文化，展示团队状态，展示团队决心，展示团队优势等。

10）展示各部门制定的明年业绩目标。

11）主要部门领导发言或相关领导发言。（主持人要把领导形象塑造到位，可以提前与其沟通。）

12）行业内重量嘉宾（神秘嘉宾）发言。

13）颁布新一年里公司的各项政策。（可由副总颁布，要有书面文件，最好是红头文件。）

14）颁布当年的各项奖励机制。（要清晰透明，让人一目了然，不可含混不清。）

15）老板做总结激励性发言，将全场气氛推向顶点。（话不用太多，重在激励和传达公司的发展方向和发展前景，将现场所有人的热情点燃就可以了。）

16）年会节目上场。

17）晚餐。（晚餐中可穿插一些文艺节目，以及抽奖、游戏等活动。）

5. 做好年会的会务组织工作

选择有责任心、有协调能力的人组成会务组。

负责年会组织的部门的领导为会务组组长，并作为年会组织的第一指挥官，负责年会组织的整体指挥、分工和管控。会务组人员名单要先提报给公司领导，等公司领导授权了，通过各部门选择的会务组人员才好听令工作。

而会务组的工作主要包括以下内容：

预定场地，采购物资，选拔主持人，下发通知，邀请嘉宾并准备接待工作，组织活动、筹备节目，布置会场，把控各个环节的时间，物资制作、物料准备、会场物料分发，突发状况应急处理。

需要注意的是分工和计划越细致越好，要落实到时间点，做到事无巨细。会务组人员对所有工作要提前做好安排和准备，还要反复跟进和确定，为整个年会顺利进行做好准备。

6. 做好年会预算

按预算来准备年会的各项开销。一般来说，年会预算包含场地费、宴席费、表彰奖金、节目奖金、抽奖奖金、年会道具制作费、外地员工或邀请嘉宾住宿费等。

需要注意的是，将每类支出费用清楚地分成各项小类支出，并包含数量、单价和小计等。年会活动预算表制作得越清晰，越容易获得领导批准，同时根据领导要节约的指示，也能够在修改预算时，快速查找出可节约的事项。

此外，年会奖品尽可能选择实用的物品。为了让每位员工至少都能够有奖，也是十分有趣的体验。

7. 做好年会活动备选方案

（1）举办美食厨艺比拼活动。

在年会上来一次美食厨艺比拼。某年年会上，小米公司就是这样做的。创始人雷军亲自给骨干员工做家乡的米线，现场一下子就有了温馨的“家”的感觉了，员工的感受会很温暖。

而且员工中不乏身怀绝艺的大厨，可让他们充分展现自己生活中最细腻的一面。在年会现场，员工做出自己拿手的美味佳肴，让大家一起品尝和互相学习。

（2）举办相亲会或集体婚礼。

世界上比较郁闷的就是单相思，而最郁闷的就是互相单相思。脸皮薄怎么办？帮他们捅破这层窗户纸吧——通过举办相亲会为他们设计表白桥段，成人之美是不是很有意义呢？如果将相亲会这个活动和美食广场活动相结合起来，则会起到意想不到的效果。单身人士展现自己的时候到了。

集体婚礼阿里巴巴办过，而在年会上为当年结婚的同事再办一场幸福的婚礼，则是很浪漫的。

（3）举办拓展或探索活动，或者游园会。

可以设计一些让每个人都可以深深沉浸在游戏的快乐和寻宝之旅的紧张中的拓展或探索活动，或者游园会。

总之，类似的年会方案还有很多，条件允许的话可选择真人大富翁、城市CS对抗、迷你运动会、化装舞会等活动。但要注意的是这些方案大多适合一群活泼的伙伴们。

8. 注意年会执行过程中的要点

1）物料需要提前采购，因为准备和等待物料到位的时间是最长的。物料都到了其他的都好安排。

2）年会通知要提前一个月发，嘉宾早点邀请。嘉宾的安排涉及住宿需要专人负责，日期临近时要提醒嘉宾参会；合理安排行程。

3）会务组必须严谨对待每一个环节，尤其是物料、人员的调配，活动流程安排等环节。

4）会务组织靠的是群策群力，一定要懂得借力和分工。发挥领导的带头羊作用，如果能使领导参与年会组织，年会的效果往往很好；让会务成员各司其职，发挥各自的长项；使跨部门同事共同参与，调动员工的积极性，尽可能让员工广泛参与。

总之，筹备大型年会，在过程中有波折和意外太正常了，别大惊小怪，要淡定。

CHAPTER 3

第3章 职场提升——认知升级、知行合一

既要知其然，又要知其所以然。

想要专业，必须学习理论，拆解管理工具，做一个专业人士。

3.1 解析人力资源管理三支柱

【主题：人力资源管理三支柱】

在学习了职场定位的内容、职场做事的方法技巧之后，勤奋好学、悟性高的秦牧歌觉得，只懂这些是不能成长为“专业”的人力资源管理人士的。想提升和成长，必须要懂得背后的理论基础，于是她强烈要求我给她补充点人力资源管理的理论知识。

一般来说，传统的组织行为管理学和人力资源管理理论知识，可以通过很多途径学习，在此我就不赘述了。以下重点介绍近几年最流行的、新出现的人力资源管理理论——人力资源管理三支柱理论。

【解惑】

何为人力资源管理三支柱

近几年，我去参加人力资源管理方面的讲座、论坛或者会议的时候，总会听到有人眉飞色舞地谈论“人力资源管理三支柱”这个理论，但几乎都是浅尝辄止或者说得云山雾罩，让人觉得很神秘。

此外，不少企业面试官在面试时会问候选人，是否了解人力资源管理三支柱。

为了防止你因不懂人力资源管理三支柱而被耻笑，以下将详细介绍人力资源管理三支柱，让你真正了解它。

戴维·尤里奇在1996年提出人力资源三支柱模型，大约在2001年传入中国。

先来了解人力资源管理三支柱的基本概念。

一个支柱是COE。

COE = Center of Excellence / Center of Expertise =专家中心。

COE 更多的是提供战略规划和问题解决方案，并进行知识沉淀。工作性质更多是阶段性的项目性质，处理并满足复杂的、异常的、制度流程未包含的，以及业务独特的人力资源需求。

一个支柱是 HRSSC。

HRSSC = HR Shared Service Center =HR 共享服务中心。

HRSSC 管理人力资源的常规且有重复性的业务，并使之流程化。设定制度和流程，使常规性事务有制度、流程支撑，可以按章办事，快速行动。设置 HRSSC 的核心目的是快速执行。

一个支柱是 HRBP。

HRBP = HR Business Partner =HR 业务合作伙伴。

HRBP 服务于业务部门和员工，直接对接一线人员的支持服务性的人力资源管理工作。设置 HRBP 的核心目的是理解和获取业务部门和员工的需求，并协调资源满足。

COE、HRSSC、HRBP 好比一个联盟或组织。

COE 负责战略指挥，提供技术支持，引领变革创新。

HRBP 是身居一线的特种兵，能文能武，创造业务价值。

HRSSC 充分发挥平台优势，整合及分配平台资源，实现平台价值。HRSSC 是连接 COE 和 HRBP 的纽带，起到相互促进的作用，从而实现联盟或组织的最大效益。

人力资源管理三支柱模式和传统的人力资源管理六模块模式的区别，如图 3-1 所示。

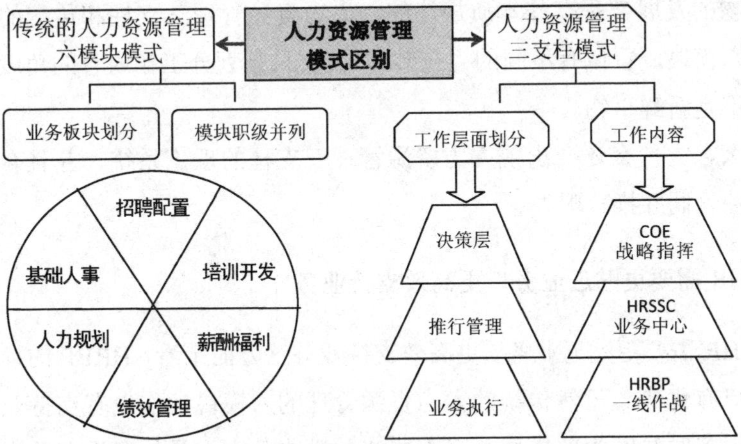

图 3-1　人力资源管理三支柱模式和传统的人力资源管理六模块模式的区别

总之，人力资源管理三支柱模式和传统的人力资源管理六模块模式的区别，就是把人力资源管理的工作内容分为横向和纵向两个维度。

横向维度就是传统的六大模块，包括基础人事、招聘配置、培训开发、薪酬福利、绩效管理和人力规划。

纵向维度就是三支柱，在每个模块的所做事情的层面上做区别，如做绩效，最上面是要制定绩效的策略、体系、制度；中间是要推行绩效体系，发现绩效管理循环中的问题，并且提出改善建议；基层是要做日常的绩效考核表单收集、统计、数据整理等。

所以，人力资源管理三支柱，其实就是把原来“东西南北中”的横向切法换成了“上中下”的纵向切法。把原来以横向维度的职能为主的六大模块换成了以纵向维度的职能为主的高中基（上中下），也就是人力资源管理三支柱的 COE（高；战略指挥；做总体的人力资源战略、政策、流程、体系、方案等，包括专家、顾问之类的人员）；HRSSC（中；业务中心；做支持服务、政策执行类工作，是标准化的服务提供者）；HRBP（基；一线作战；发现运行问题，提出建议；更了解业务需求，是更基于业务导向的人力资源管理解决方案的提供者和执行者）。

那么，这个人力资源管理三支柱到底是“新品种”还是“换汤不换药”的“旧品种”？

事物的发展都是有其本质规律的，人力资源管理三支柱和传统的人力资源管理六模块，看似有不同的“包装”，其实只是划分工作内容的角度不同而已，并不是新鲜事物。

那么，为什么还会出现人力资源管理三支柱的理论系统，并且有越来越多的企业认同并推行呢？

1. HR 需要更贴近业务、更高效支持业务

从 HR 需要更贴近业务、更高效支持业务这方面来看，HRBP 的理念和角色设置更有优势。虽然传统的人力资源管理的六模块运作也有支持业务的职能，但很多时候因为各模块情况不同和各模块负责人员的意识有差别，会阻碍和影响对业务支持的效率。

HR 是否贴近业务并高效支持业务，实际上和工作方法有关，并不是设置成了 HRBP，HR 就能瞬间变成业务伙伴的。如果工作人员的理念、能力不够也一样不足以支持业务。甚至会出现，当业务部门老大的要求和人力资源部门老大的要求相悖时，HRBP 不知道该听谁的情况。

2. 让专门的人做专门的事情，发挥各自的优势，提高专业性、统一性和工作效率

例如，服务支持类的工作，对专业资深程度要求不高，并且有一定的标准化的要求，那就让专门的一个团队去做这一类工作。

例如，政策中心就是设计体系、制度，做好专家顾问的工作。

例如，HRBP 就要天天和业务人员待在一起，深入业务，发现问题。

然而，企业要想构建人力资源管理三支柱体系，则要做好相应的准备并具备相应的条件。如果只是将现有人力资源管理团队的横竖职能变动一下，那还是“换汤不换药”。

在企业里构建人力资源管理三支柱体系，还是很不容易的。

构建人力资源管理三支柱体系所必需的条件，如图 3-2 所示。

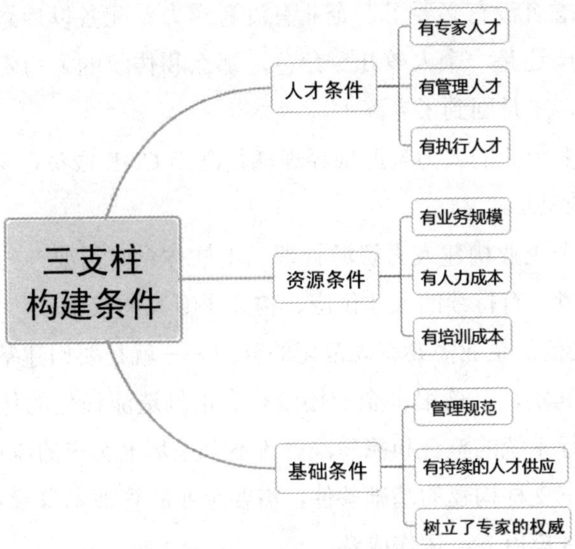

图 3-2　构建人力资源管理三支柱体系所必需的条件

首先，要有人才条件即有足够数量的专业人才储备——有专家人才、管理人才、执行人才。

在构建人力资源管理三支柱体系时，要考虑企业内部的人力资源管理从业者的专业能力能否支撑三支柱发挥预想的价值。

现实情况是企业对人力资源管理从业者的专业能力要求不断提升，而人力资源管理从业者的专业能力提升较慢。

其次，要有足够的资源条件——有业务规模、人力成本和培训成本。

在构建人力资源管理三支柱体系时，企业要考虑企业的业务规模、人力成本和培训成本是否适合使用人力资源管理三支柱体系。

如果企业的整体规模小，强行构建人力资源管理三支柱体系的话，则投入产出比不高。例如，有的公司就 100 多个人，却要构建“三支柱”体系。

那么请问贵公司 COE 准备配几个专家？是不是每个部门都要配一个 HRBP？10 个人的部门也要配一个 HRBP 吗？HRSSC 虽然是支持服务的，但一个人也不太可能什么都会做，毕竟不同模块也有其工作专业性，是不是也要配几个人呢？这样算下来，人员配比会达到 10∶1，即 10 个员工配一个 HR，甚至更多。

那么要考虑有没有必要了？企业有没有实力？配备以后划不划算？如果妥协中和一下，还是一个人兼几个角色，那么和传统的人力资源部门就又没有什么区别了，还是回到了老路上。

目前，很多企业的人力资源部经理就是既当 COE 成员，又当 HRBP，还得抽时间做 HRSSC。

最后，一个企业构建人力资源管理三支柱体系时需要一些必备的基础条件——管理规范、有持续的人才供应、树立了专家的权威。

1）管理规范。企业需要有规范化的管理——就是要构建基于客户的、流程化的组织。其实，目前很多企业还没有真正打造流程化的体系，企业的业务流程没有进行系统的整合和梳理，更谈不上是基于客户的流程化体系建设。人力资源管理三支柱构建的基础条件，需要企业的管理本身就是高度制度化、流程化，并且规模巨大，运作成熟。

2）有持续的人才供应。人力资源管理三支柱体系面临人才的挑战，需要人才来支撑和运行。

例如，海尔为什么推行过一段时间的三支柱体系后又退回到原来的模式了呢？因为要成立 COE 要有充足的人力资源管理的专业人员，而一个企业的一个区域是没有那么多专家的。如果人才短缺，三支柱模型是不可行的。

3）树立了专家的权威。要构建三支柱体系还必须要树立专家的权威。专家主要是根据公司的战略来制定人力资源的政策、人力资源的制度体系的。

突破不了以上三个基础条件的瓶颈，就会像有的企业一样使用了三枝柱体系之后又退回去了，徒增烦恼，还不如一直沿用原来的模式。

同时，构建三支柱体系以后，人力资源管理工作被拆分开来了，各环节最终的工作价值和绩效没有办法考核、没有办法衡量。如果构建后的推行效果不好，那么上下游容易互相推诿。

总而言之，人力资源管理三支柱体系实际上是企业面临企业的组织变革，企业的商业模式、战略转型时在企业管理理论方面的一个尝试。如果要在实践中大规模运用人力资源管理三支柱体系，劝大家还是三思而后行吧。

想要改变，不要盲目寄希望于一个新出来的理念方法，要想在平时做好工作最关键的还是把握人力资源管理工作支撑企业发展的关键本质，提升解决问题的能力。

总之，企业和人力资源管理者还是要搞清楚、想明白，根据自己的实际现状去设计人力资源管理体系和管理实施的方案，而不能盲目跟风追求时髦。因为，很可能它只是看上去很美而已，并不适合自己的企业。

3.2 关于TD、LD、OD的认知

【主题：新理念】

最近OD是HR界比较热门的关注点。秦牧歌也很关注，想了解TD、LD、OD这些内容。然而她发现很多公司对与TD、LD、OD相关的岗位要求似乎都差不多。

于是，秦牧歌疑惑了，TD、LD、OD三者之间的关系是怎样的？有哪些体系是共通的？三者中是否存在进阶呢？

【解惑】

什么是TD、LD、OD

身为HR大军中的一员，我深知人力资源管理从业人员酷爱学习，尤其爱追赶时髦——国际，国内新的、旧的人力资源理念，一个不落，哪个火就蜂拥而上地学习，看似很勤奋和努力，实则一知半解，在实践中蕴藏大量风险。

我个人也常常为这种好学的精神所感动，也非常荣幸成为这个群体中的一员。希望有机会、有余力可以帮助大家普及新知。同时，也很想提醒大家三思后行、谋定而后动，不要急着做小白鼠。

对时髦新潮的管理理念，多学多看，这个没问题。但是，要防止对新的理念一知半解、不懂装懂。

国外风靡一时的舶来品未必完全适合国内企业，甚至在推广、引进过程中也很少有足够数量的成功案例，切不可以盲目照搬到企业自身。

变革总是失败多过成功，例如，关键绩效指标（Key Performance Indicator，KPI）毁掉了索尼，人力资源管理三支柱体系在国内也没有太多成功推行的范例，阿米巴的经营模式的成功也仅限日本企业。

最近，OD在HR圈里很热，连我自己都曾推荐前下属花时间去了解下OD。

以下将和大家一起探讨TD、LD、OD，并且探讨它们之间的区别和联系。

1. TD、LD、OD 的概念

TD（Talent Development）：人才与发展，偏向企业的人才胜任力模型、职位体系、任职资格体系搭建、人才评估、岗位管理等。

LD（Learning Development）：学习与发展，偏重于企业的学习及培训工作，与传统人力资源的培训对应。重点包括培训体系建设、员工的职业发展、建立学习型组织和文化等。

OD（Organization Development）：组织与发展，集中于确保部门之间和部门内部的关系健康发展。着重于公司架构、岗位设置、人员编制等。更多对应人力资源规划，侧重人才发展和组织战略方面。

2. 重点解析 OD

我个人觉得，OD 需要重点了解下，因为关于 OD 的相关职位的市场需求很强烈，职位薪酬也高，学好对大家的职业发展有利。

TD、LD、OD 的各自侧重点及发展路径，如图 3-3 所示。

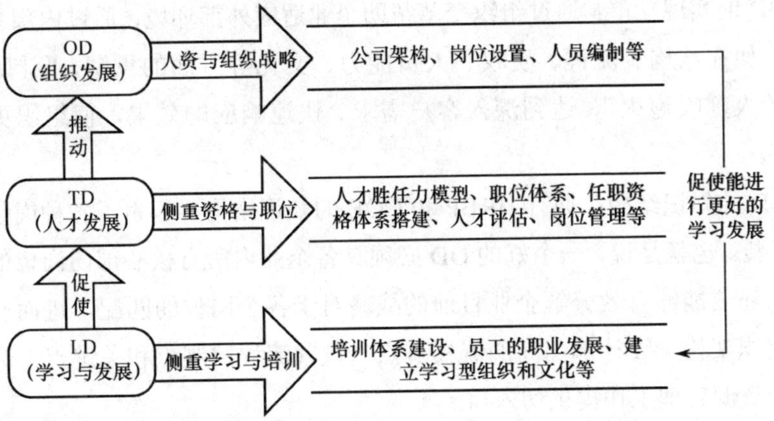

图 3-3　TD、LD、OD 的各自侧重点及发展路径

关于 OD 的说法很多也很杂。有些企业招聘了 OD 人员，其职责更像 TD 或 LD 人员的职责，只有少数企业的 OD 人员能够跳开“人”或者“学习/培

训”范畴，进一步触及更为宏观的组织设计领域。

OD 的四个方面，如图 3-4 所示。

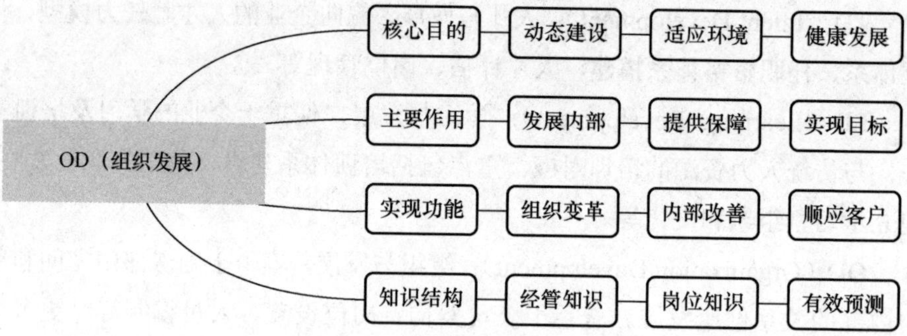

图 3-4　OD 的四个方面

OD 的核心目的：就是让组织不断适应外部环境的变化，让组织可持续性地健康发展，让人、团队组织的潜能得到最大化释放。

OD 的主要作用：OD 实践者要帮助高层领导充分发展组织内部，为实现组织远大的外部目标提供保障。OD 实践者和战略专家类似，可以帮助组织做好充足的内部准备，从而实现具有挑战性的、远大的外部目标。

OD 的实现功能：通过组织变革帮助企业适应外部环境，通过内部系统的改善，如在结构、流程、责权、人员能力、文化等方面的重塑，“让听得见炮声的人呼唤炮火”，达到深入客户需求、快速响应的效果，使组织更有战斗力。

OD 的知识结构：拥有 HRBP 和 COE 的知识结构，积累了各种岗位的知识、经验。也就是说，一个好的 OD 必须具备企业内所有核心部门岗位的任职资格，还要能够有效分解企业目前的战略对于各个岗位的匹配，进而有效地设计组织架构、设计部门间的流程节点、设置流程控制点和关键点，为后面的人力资源管理工作提供切入口。

3. TD、LD、OD 的区别和联系

TD、LD、OD 之间的联系，如图 3-5 所示。

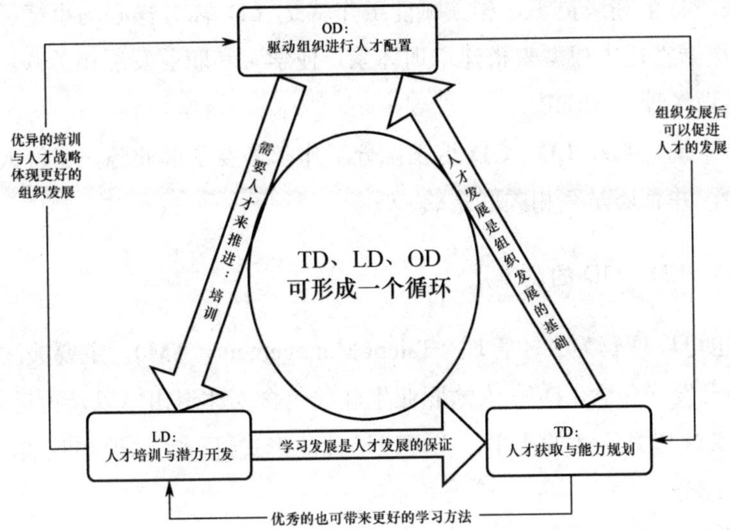

图 3-5 TD、LD、OD 之间的联系

TD、LD、OD 之间的区别如下。OD 看重组织本身，以流程出发设计组织的结构和岗位。保证各部门岗位分工协作流畅，无重叠无空白。

在 OD 岗位上的人，是不可忽略的重要决定因素。不得不承认，再完美的流程也存在人为误差。那么 TD 就要保证人是可以支撑 OD 流程的。

而 LD 的工作通常由培训部门来负责。HRBP 及业务部门可以共同定义在岗者哪里需要发展，而如何发展、靠什么发展是业务部门和培训部门共同决定的。

4. TD、LD、OD 的工作内容和责任范畴

OD 以企业中短期战略为依据，设定组织内架构，流程等，依赖并服务于业务发展方向。相关责任人主要是高层管理者、CEO 等，随着业务环境的改变，OD 的工作也需要实时做出调整，使企业持续发展。

TD 重视关键人才，根据组织发展的方向，界定人才发展阶梯，定义关键岗位，划定关键人才，梳理人才胜任力模型。干系人主要有 HRBP 等。

LD 的工作内容和责任范畴。在人才发展过程当中，员工从小白成长为初

级、中级，甚至高级员工，相关赋能工作就是 LD 需要操心的事情了。这时 LD 需要根据胜任力模型来搭建培训体系，使学习和职业发展相关联。主要干系人是培训经理、HRBP。

总体来说，TD、LD、OD 这三部分工作都需要了解业务、了解人、了解组织需要，并且还是有相关联系的。

5. TD、LD、OD 的侧重点

TD 也可以理解为人才管理（Talent Management，TM），主要关注人才获取、人才开发（包含 LD）、人才职业生涯（包含人才退出，以及再进入）。

LD 关注提升人才的水平，主要以培训的形式进行。培训和赋能，是 TD 工作的一部分。

OD 侧重于组织，包括架构与人才配置，包含部分 TD 和 LD 的内容。

OD 是三者中最全面且最复杂的，不仅要考虑人才的问题，还要考虑组织的问题。三者之间有部分互通的关系。

一般情况下，LD 归属于 TD，而 TD 归于 TM。OD 是 HR 系统里独立的一个功能。

现代人力资源管理的体系都是互通的，不能绝对独立起来，三者之间有区别也有联系、相互支持和配合。

进阶性：TD、LD、OD 按操作者的能力来讲各自有进阶发展路径，但是没有明显的谁高谁低的问题。三者都可以做到各自职能的总监职位，没有谁高一级低一级的区别。小规模企业中的 TD、LD、OD 统一归属人力资源总监管理，大企业归属人力资源副总裁或总裁管理。

我认为，OD 的相关知识是三者中最全面的，也是非常值得求新求异的 HR 来学习的，况且从市场供不应求和薪酬数据来说，OD 也非常值得 HR 去了解。

如果真的要在企业层面实现 TD、LD、OD 功能，上升到组织架构层面的范畴，最好外包给咨询公司做。有外力介入，引入外脑更容易成功。

实际上，很多企业是要依赖第三方咨询公司来做 OD 和 TD 的工作的，因为第三方咨询公司的测评工具相对专业和完善，在人才发展方面有很多成熟的经验，也更便宜，还可以转嫁风险。

另外，正如绩效范畴一直是人力资源管理方面最难的也最有价值的一样，TD、LD、OD 也会在未来有比较好的发展前景。HR 如果真想往这个方向发展，建议参加专门机构的系统培训，全面深入学习，给自己一个机会。

3.3 关于保密协议、竞业限制和脱密期

【主题：离职管理涉及的相关协议】

最近，秦牧歌所在公司的离职情况比较严重，老总希望她们人力资源部重新签订保密协议，并且规定了脱密期，每个人的脱密期为 3~6 个月不等，同时每月增加几十元保密费，并且规定要离职必须先调岗脱密。

于是，她来问我保密协议、脱密期有用吗？之前他们一直用到的竞业限制协议和保密协议之间有哪些区别和关联呢？还有脱密期该怎么操作？

我给她系统回答了什么是保密协议、竞业限制，并且重点介绍了脱密期。

【解惑】

保密协议、竞业限制和脱密期简介

因为企业的商业秘密有时关乎企业的生死存亡，所以企业关注商业秘密的保护是情理之中的事情。

我国法律也保障企业的这一项合法权利，除劳动法授权企业可以通过订立有关保密协议或竞业禁止协议来保护自己的商业秘密外，还在反不正当竞争法中，对于企业商业秘密的保护做出了相关规定。

其中，签订保密协议是大多数企业的做法、对关键性岗位也会实行竞业限制，而在企业与员工签订的保密协议中，对于商业秘密的保护很特殊的一环就是脱密期的运用。

不过目前实行脱密期的企业并不多，相信许多 HR 对此也是一知半解。我也是鲜少遇见实行脱密期的企业。只不过，曾经在一家军工企业工作，短暂经历过脱密期的员工管理。

以下简要解释下保密协议和竞业限制，对于这两项内容大多数 HR 比较熟悉了，主要对脱密期进行探讨。

1. 保密协议和竞业限制的概念及运用

（1）概念。

保密协议，是指协议当事人之间就一方告知另一方的书面或口头信息，

约定不得向任何第三方披露该等信息的协议。负有保密义务的当事人违反协议约定，将保密信息披露给第三方，将要承担民事责任甚至刑事责任。

竞业限制：是指用人单位与劳动者约定，劳动者在用人单位期间和离开用人单位后一定期间内不得到与用人单位有竞争关系或有其他利害关系的其他单位任职，劳动者也不得自己从事与用人单位有竞争关系的业务工作。

保密协议与竞业限制的区别和联系，如图 3-6 所示。

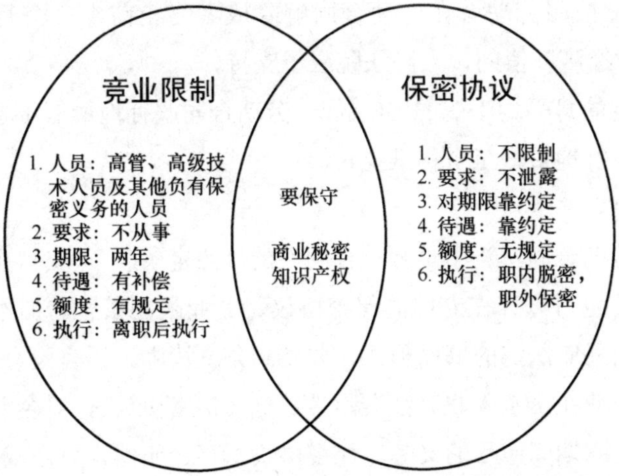

图 3-6　保密协议与竞业限制的区别和联系

（2）**法律依据**。

《中华人民共和国劳动合同法》（以下简称《劳动合同法》）。

第二十三条　用人单位与劳动者可以在劳动合同中约定保守用人单位的商业秘密和与知识产权相关的保密事项。

对负有保密义务的劳动者，用人单位可以在劳动合同或者保密协议中与劳动者约定竞业限制条款，并约定在解除或者终止劳动合同后，在竞业限制期限内按月给予劳动者经济补偿。劳动者违反竞业限制约定的，应当按照约定向用人单位支付违约金。

第二十四条　竞业限制的人员限于用人单位的高级管理人员、高级技术人员和其他负有保密义务的人员。竞业限制的范围、地域、期限由用人单位与劳动者约定，竞业限制的约定不得违反法律、法规的规定。

在解除或者终止劳动合同后，前款规定的人员到与本单位生产或者经营同类产品、从事同类业务的有竞争关系的其他用人单位，或者自己开业生产或者经营同类产品、从事同类业务的竞业限制期限，不得超过两年。

《最高人民法院关于审理劳动争议案件适用法律若干问题的解释（四)》。

第六条　当事人在劳动合同或者保密协议中约定了竞业限制，但未约定解除或者终止劳动合同后给予劳动者经济补偿，劳动者履行了竞业限制义务，要求用人单位按照劳动者在劳动合同解除或者终止前十二个月平均工资的30%按月支付经济补偿的，人民法院应予支持。

前款规定的月平均工资的 30%低于劳动合同履行地最低工资标准的，按照劳动合同履行地最低工资标准支付。

（3）运用。

我国《劳动合同法》中“劳动合同”的“约定条款”，支持企业与员工约定保密条款，也可以订立专门的保密协议、竞业限制条款。但不管采用哪种方式，都应当采取法定的书面形式，并做到条款清晰，语言没有歧义。

大多数企业在员工入职时都会附带签订《保密协议》，对企业秘密进行保密也是员工在职期间应尽的义务。保密协议不存在赔偿，只是双方的“君子”约定。但是如果员工违反了竞业限制，则可以要求员工赔偿。

虽然企业做出保密协议和竞业限制的要求是合法的。

但对于竞业限制来说有一个很关键的问题，也是最重要的，就是用人单位在做出竞业限制约定时，应当向被约定者支付一定数额的补偿金，金额不得低于月薪 30%的经济补偿。如果合同中只有限制，没有补偿，那么这个合同是显失公平的，应为无效合同。所以企业在起草此合同时，切记此约定，避免加大自己的损失。补偿金应该按月发放，按季度发放不合理。

在解除或者终止劳动合同后，前款规定的人员经营同类产品、从事同类业务的竞业限制期限，不得超过两年。

此外，竞业限制生效是有前提的，就是企业是否在员工离职后支付经济补偿金。假如你离职后，企业在竞业限制期限内如果没有补偿，就可以不受限制。

2. 脱密期的概念及运用

（1）概念。

脱密期，是指用人单位可以约定掌握商业秘密的人员在离职之前必须提前通知用人单位，并为用人单位再工作一定期限，该期限期满，员工才可以正式离职。在这段时期之内，用人单位可以把员工调至不需保密的部门工作，以确保员工不再接触新的商业秘密，因此，脱密期也可以称为提前通知期。

（2）法律依据。

根据 1996 年劳动部《关于企业职工流动若干问题的通知》第二条规定，“用人单位与掌握商业秘密的职工在劳动合同中约定保守商业秘密有关事项时，可以约定在劳动合同终止前或该职工提出解除劳动合同后的一定时间内（不超过六个月），调整其工作岗位，变更劳动合同中的相关内容”。该条规定指的就是脱密期，也是脱密期合法存在的法律依据。

（3）关于脱密期期限的规定和运用。

所谓“脱密”，就是指不再接触商业秘密。脱密期是指掌握商业秘密的员工在离职前必须提前通知用人单位，并为用人单位再工作一定期限，该期限届满，员工才可以正式离职。

在这段时间内，用人单位可以将员工调换至不需保密的工作部门，以确保员工不再获知新的商业秘密。因此，脱密期又被称为“提前通知期”。

对脱密期的理解和运用，如图 3-7 所示。

脱密期不得超过六个月，双方可以在 1～6 个月的法定期限内商定。在脱密期内，员工与用人单位之间的劳动合同并未解除，劳动关系仍然存在，员工也仍须遵守用人单位的种种规章制度，只是须离开能接触到商业秘密的部门，并不可以与其他用人单位再建立劳动关系。

同时，在脱密期内，用人单位可以采取相应的脱密措施，以减少已获知商业秘密的员工进一步接触商业秘密的机会。用人单位采取的措施一般是将员工调离机密部门，变更劳动合同等，并向员工说明换岗的必要性和合法性。当然，只要不违反法律的规定，用人单位可以采取多种措施保守自己的商业秘密。

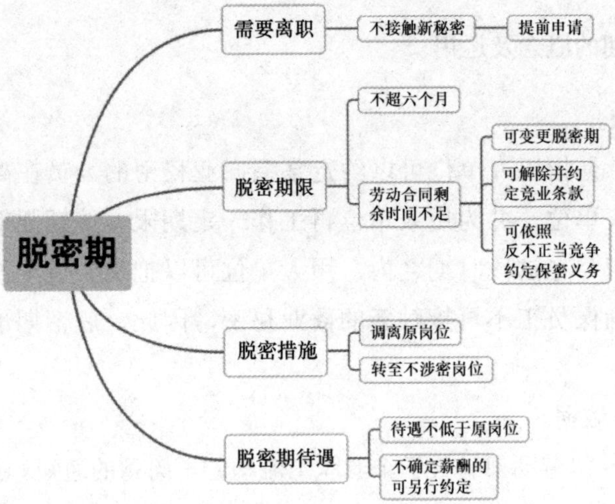

图3-7 对脱密期的理解和运用

（4）脱密期内员工的待遇。

从法理角度来说，用人单位不应在脱密期内任意降低员工的工资，即使将员工调到工资水平较低的工作岗位上也不能降低工资标准。因为脱密期是合同期的一部分，用人单位与员工在合同期内的待遇已约定在劳动合同中，除非双方另有约定，不得任意更改。

员工离职前进入脱密期，不是因为员工有过错，而是用人单位为防止商业秘密泄露，而采取的防范措施。用人单位是脱密措施的受益者，当然应当承担脱密期的成本。因此，应当按照员工进入脱密期前的工资水平支付劳动报酬，员工则不应为用人单位的受益而承担损失。

当然，如果原岗位的某些收入是直接与绩效、提成挂钩的，那么对于这一部分的收入，合同双方可以进行特别约定。此外，脱密期内员工与企业的劳动合同依然合法有效，因此员工的社会保险等费用企业仍然要为员工支付。

（5）脱密期与劳动合同期限可能出现的矛盾及解决方法。

当劳动合同的剩余期限短于双方约定的保密期时，员工提出辞职而此时企业才主张执行脱密期，这个问题如何处理呢?

员工的脱密期，不得超过劳动合同的有效期，但如果超过劳动合同的期限了，以下方法可供企业选择。

一是与员工协商，在劳动合同剩余期限内变更脱密期的期限，执行脱密措施。

二是如果变更后的脱密期限不足以实现保护商业秘密的目的，可以与员工协商解除脱密期的规定，与其订立竞业禁止协议。

三是如果员工不同意签订竞业禁止协议，又不能通过剩余的劳动期限进行脱密，则通过反不正当竞争法的有关规定来规定员工的保密义务。

在特殊单位，如军工企业可能更加严格，一般脱密期为（秘密）1～2 年、（机密）2～3 年、（绝密）3～5 年。

对于员工来说，如果想换工作，尽早提出来，管理严格的企业要求在非密工作岗位脱密，不严格的企业就直接办理离职手续，一般都签离职禁业协议。

还有一个派生问题，竞业限制和脱密期的区别是什么？是否可以同时使用？

相同点是，竞业限制和脱密期两者都需要支付一定的成本。

区别是，竞业限制是在劳动合同期限外——离职后进行，脱密期是在劳动合同内——在职期间进行。

竞业限制和脱密期不能同时使用。法律规定，劳动合同双方当事人约定竞业限制的，不得再与劳动者约定解除劳动合同的提前通知期。两种办法只能取其一，不能同时使用。

综合以上，是关于离职操作中涉及的保密协议、竞业限制、脱密期的概念、依据和用法。

总之，保密协议普遍适用，甚至可以作为劳动合同的附件，全员可签，约束全员。在职和离职期间均可以进行的“君子”约定，不涉及赔偿和处罚。

竞业限制，需要在员工离职后不超过两年时间里（具体竞业期限可以约定），仍然按月支付不低于月薪 30%的工资。竞业有代价，涉及竞业成本问题，所以，由企业酌情使用，限于用人单位的高级管理人员、高级技术人员和其他负有保密义务的人员。

而脱密期，是企业与掌握商业秘密的职工在提出离职后，约定不超过六个月的脱离核心岗位的脱密期。在职期间，岗位可调整为非核心岗位，但是工资不得随意扣减。

3.4　非全日制用工在企业中的运用

【主题：非全日制用工】

最近秦牧歌为了节约用工成本真是绞尽脑汁。老总希望将部分员工的聘用形式转为非全日制用工形式。

但是，对于非全日制用工的概念，她一直都没有接触过。

于是，她就问我："全日制用工和非全日制用工有哪些区别？哪些情况可以将员工转化为非全日制用工人员呢，有哪些利弊呢？需要注意哪些事项呢？非全日制用工是否可以帮企业节省用工成本？"

【解惑】

非全日制用工是否是企业节约用工成本的避风港

这几年国家政策调整，社保由税务征收的消息，使不交或少交社保变得困难，加大了企业的社保成本，以及各种政策管控手段的推出，无疑拉高了企业的用工成本。

这对原本经营发展状况就不乐观的中小企业来说，更是雪上加霜。各路"神仙"纷纷寻找对策，应对日益增高的人工成本，以求得生存和发展。

于是，有一部分企业的关注焦点就落在了非全日制用工这个点上了。连华为也是早早使用劳务派遣的用工形式，来承接部分工作任务。

那么，非全日制用工是不是企业节约用工成本的避风港呢？

以下一起学习和了解下非全日制用工的内涵，并为企业出谋划策吧。

首先，先来了解下非全日制用工这种特殊的用工形式。

1. 概念

非全日制用工，是指以小时计酬为主，劳动者在同一用人单位一般平均每日工作时间不超过四小时，每周工作时间累计不超过二十四小时的用工形式。

2. 合同形式及兼职规定

非全日制用工双方当事人可以订立口头协议。

从事非全日制用工的劳动者可以与一个或者一个以上用人单位订立劳动合同；但是，后订立的劳动合同不得影响先订立的劳动合同的履行。

3. 试用期规定

非全日制用工双方当事人不得约定试用期。

4. 劳动合同解除及补偿

非全日制用工双方当事人任何一方都可以随时通知对方终止用工。终止用工，用人单位不向劳动者支付经济补偿。

5. 工资标准及支付周期

非全日制用工小时计酬标准不得低于用人单位所在地人民政府规定的最低小时工资标准。

非全日制用工劳动报酬结算支付周期最长不得超过十五日。

6. 社会保险

从事非全日制工作的劳动者应当参加基本养老保险，原则上参照个体工商户的参保办法执行。对于已参加过基本养老保险和建立个人账户的人员，前后缴费年限合并计算，跨统筹地区转移的，应办理基本养老保险关系和个人账户的转移、接续手续。符合退休条件时，按国家规定计发基本养老金。

从事非全日制工作的劳动者可以以个人身份参加基本医疗保险，并按照待遇水平与缴费水平相挂钩的原则，享受相应的基本医疗保险待遇。参加基本医疗保险的具体办法由各地劳动保障部门研究制定。

用人单位应当按照国家有关规定为建立劳动关系的非全日制劳动者缴纳工伤保险费。从事非全日制工作的劳动者发生工伤，依法享受工伤保险待遇；

被鉴定为伤残 5～10 级的，经劳动者与用人单位协商一致，可以一次性结算伤残待遇及有关费用。

非全日制用工的图解，如图 3-8 所示。

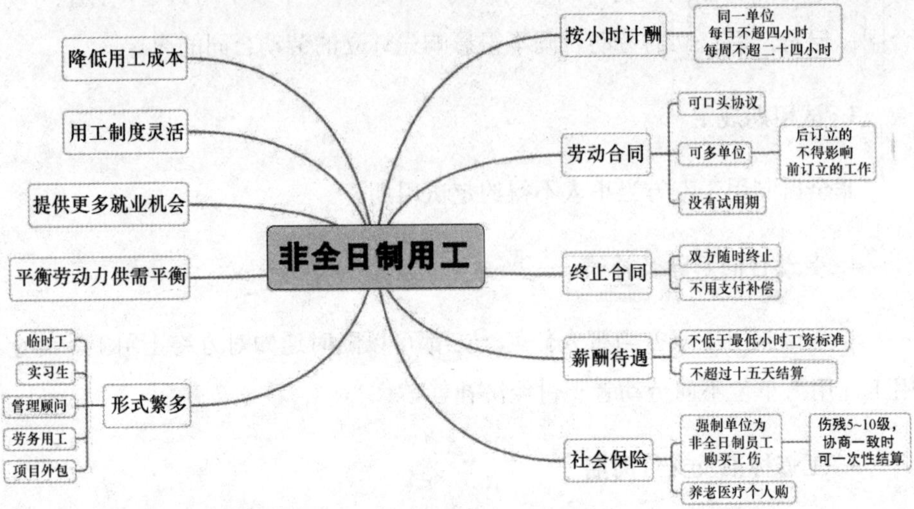

图 3-8　非全日制用工的图解

非全日制用工的优势和好处如下。

非全日制劳动是灵活就业的一种重要形式。我国非全日制劳动用工形式呈现迅速发展的趋势，特别适合餐饮、超市、物流等服务业领域。

非全日制用工有以下优势，主要表现在以下几个方面。

首先，它适应企业降低人工成本、推进灵活用工的客观需要。

实际上，非全日制用工的人工成本明显低于全日制用工。企业用工需求取决于生产经营的客观需要，同时，企业为追求利润的最大化，也要尽可能降低人工成本。因此，越来越多的企业根据生产经营的需要，采用包括非全日制用工在内的一些灵活用工形式。

其次，提供了大量的临时劳动力，促进企业用工，以及下岗职工和失业人员的再就业。

在劳动力市场供过于求的矛盾十分尖锐，下岗职工和失业人员、半退休人员、低技能人员、家庭主妇的就业竞争实力较差的情况下，非全日制用工形式在促进再就业方面发挥着重要的作用。

最后，有利于缓解劳动力市场供求失衡的矛盾，平衡劳动力短缺或过剩的现象。

在劳动力大量过剩、劳动力供求关系严重失衡、就业机会短缺的背景下，企业实行非全日制用工制度，可以使企业在对人力资源的客观需求总量不变的条件下，招用非全日制职工，可以给广大劳动者提供更多的就业机会，也可以灵活调整用工的数量。缺人的时候补充非全日制劳动力，人员过剩的时候可以很方便地裁减非全日制用工的劳动力而不涉及法律诉讼。

同时，非全日制用工并非万能，因为有其自身的局限性，法律法规有相应的约束。企业适不适合采用非全日制用工形式，要从以下几个方面酌情考量。

近年来，以小时工为主要形式的非全日制用工发展较快。《劳动合同法》从法律层面上对非全日制用工做出了与全日制用工不同的特别规范。

一是对非全日制用工下了定义。规定非全日制用工，是指以小时计酬为主，劳动者在同一用人单位一般平均每日工作时间不超过四小时，每周工作时间累计不超过二十四小时的用工形式。

二是规定从事非全日制用工的劳动者可以与一个或者一个以上用人单位订立劳动合同；但是，后订立的劳动合同不得影响先订立劳动合同的履行。而全日制用工劳动者只能与一个用人单位订立劳动合同。

三是规定非全日制用工双方当事人可以订立口头协议，而全日制用工的，应当订立书面劳动合同。

四是规定非全日制用工双方当事人不得约定试用期，而全日制用工的，除以完成一定工作任务为期限的劳动合同和三个月以下固定期限劳动合同外，其他劳动合同可以依法约定试用期。

重要操作提醒：非全日制用工，不只包括聘用临时工，聘用实习生、顾问，劳务用工（签劳务协议），劳务派遣，项目外包，也是比较灵活好用的非全日制用工的形式。

一般来说，非全日制用工是不需要用工企业购买社保的，但最好督促相应责任人购买工伤和意外险等保险降低安全风险，而且解除劳动关系的手续比较方便，不需要辞退赔偿金，是用法较灵活的用工形式。

非全日制用工，可以很好地降低用工成本，并且是补充劳动力的重要形式。如果为了节省人力成本，有些难度系数高（可外请顾问）、项目性、短时间的工作内容，也可以考虑外包的形式即交给专门的外包或劳务派遣公司承接，使用派遣工的形式。华为在这方面就是很好的参考对象。

综上所述，对企业来讲，基本上是临时性的、补充性、辅助性、耗时短、对劳动者劳动技能要求不高的工作岗位，才适合以临时工的形式招用非全日制劳动者。企业要能接受不能与他们约定试用期、这类员工随时会走、每日用工时间有限的条件，而且对于他们的管理也会相对松散，约束力有限。

有些行业和职位适合非全日制用工，如餐饮、物流、保洁等服务业，可以大量使用。有些行业和职位不适合非全日制用工，如技术含量高、工作量大对连续性要求很高，或者工作熟练度高、人际关联程度高，以及企业关键性的、核心的岗位是需要全日制用工的。

非全日制用工，也需要人力资源部门进行专门管理，建立专门的非全日制员工的招聘用人渠道，登记人员名册、做好考勤管理、专门计算核发工资，并且合理估算用人数量和需要的时间阶段。

那么，非全日制用工是否是企业节约用工成本的避风港呢？

是也不是，这要看企业的行业、岗位的情况是否适合非全日制用工，也要看对劳动力的使用规划和整体用工筹划。

3.5　如何做年度离职人员分析报告

【主题：离职人员分析报告】

凡是工作，必有回应，那么报告必不可少。制作各种总结和各种报告，是职场人必须掌握的技能。

又到年终了，秦牧歌的部门也开始了一年的各项工作盘点。

其中，离职人员的盘点和分析也是重要的一项。秦牧歌和其他 HR 一样有同感，总觉得离职分析不好做，统计的离职原因也都并不真实。

于是，秦牧歌问我："应该怎么做年度离职人员分析报告？"

【解惑】

年度离职人员分析报告这样做

接近年底，分析和报告都是必不可少的。

定期给管理人员提供离职人员分析报告，对于降低人员流失率，提升管理水平是非常重要的管理措施。因为明晰的报告可以给各位管理者清晰的反馈，让他们知道员工或者自己的下属离职的原因到底是什么，公司的管理哪里有问题、哪里不够完善，员工需要什么。知道了原因，改正起来就比较容易了。

在做好离职人员分析报告前，需要提前储备信息和资料，对于每位离职人员要做详细的离职访谈，详细了解离职人员离职的真实原因。

有的时候，为了挖掘真实原因，还要和离职人员在公司内的好朋友仔细沟通，这样往往能找到更加真实的原因。很多离职人员往往并不愿意和上级或管理层透露自己离职的真实原因。这就要求 HR 平时要和每位员工搞好关系，多关心员工，多与员工沟通，做他们的朋友，这样可能帮公司减少一起离职事件，或者有助于在做离职访谈的时候，他们向你吐露心声，透露真实原因。

离职访谈做好了，那么做离职人员分析报告就有了坚实的基础，才能深入本质，触碰到离职原因的灵魂。

掌握了充足的离职人员的一手资料，那离职人员报告该怎么写呢？以下分部分介绍离职人员分析报告的组成。

1. 离职人员分析报告第一部分

离职人员分析报告的第一部分应该是公司的人员离职情况的数据统计表，即原始数据。

需要导出公司全年的离职人员花名册的数据表。该表相应栏目有姓名、职位类别、部门、岗位、辞职具体原因、原因归类、学历、司龄、考核等级等，可以根据需要进行调整。

这个数据表是各种分析的基础，也可以使离职的人员情况一目了然。

这一部分是原始数据，也是离职人员分析报告的基础，要确保数据准确、完整，不能有错漏。

2. 离职人员分析报告第二部分

离职人员分析报告的第二部分是当年本期内离职率的总体数据，并与去年上期进行比对。最好用图表的形式直观展示。

除告诉公司管理者公司总体的人员流失数据外，还要和上期比较，和去年同期比较。展示同期是上升了还是下降了。

如果有大的变化，还应该分析原因。例如，今年因为人才市场行情看好，很多公司的人员流失率都上升了，这点就要在报告中体现。如果不提这点，其他部门的管理者不知道这个客观原因，还可能以为公司最近出现了什么问题。

还有近几年频繁出现回老家、创业的离职情况，如此类离职人员的数量较多，也可以在报告中体现。供企业制定人才战略时参考。

3. 离职人员分析报告第三部分

离职人员分析报告的第三部分，也是很重要的部分，就是要对人员流失的各种原因进行分析，对各种具体原因进行归类统计和分析比较。归类以后，原因就会变得简单和清晰。理解离职成因越全，就越有利于掌握真实的情况。

就像马云说的，员工离职的原因要么就是受委屈了，要么就是钱少了。

一般公司员工离职的主要原因就是几个，如个人发展需求没有满足，薪酬较低，和上级沟通不顺畅，家庭原因（搬家、生孩子等）。原因找到了，就能有针对性地提出解决方案。

根据与部分人员的离职面谈，离职的原因总体上可以归纳为以下八条。

（1）**管理、激励机制欠缺合理性。**

1）中基层管理人员管理方式有问题，对下属过于严苛。

2）奖励的形式较狭隘，福利不全等。公司现有的主要奖励方式是物质方面的，缺乏精神方面的奖励。

3）奖项的设立项目和奖励的名额有限。奖励的名额和奖项太少。

（2）**对于年度调薪不满意。**

员工在公司服务了一定年限，就会对公司给予自己的回报做出一定的期许。此时公司要适时地对于表现较好的，并且服务年限较长的同事进行各种形式的认可，如适度地加薪，分配更多有挑战性的工作，或者根据他们所处的不同年龄阶段使其处在不同的职业发展道路上，如20～30岁的尚处在职业尝试阶段的同事可进行换岗、培训，而30～45岁处于职业确立阶段的同事需要进行晋升。

（3）**薪酬太低。**

与同行业的薪资水平相比，公司的薪酬给的较低。

（4）**员工不适应公司环境。**

（5）**工作强度高。**

持续高强度的工作使员工对工作的激情也随之减退。

（6）**新员工进公司后上级给予的关心与指导不够，使其不能很快融入公司。**

新人刚到公司，对一切事务都不熟悉，如果没有人对其进行指导和表达关心，员工很可能认为公司缺少人情味而离开。

（7）**公司战略变动。**

业务调整、组织架构变动、高层动荡变换，都会造成员工离职。

（8）**其他原因。**

例如，跳槽到其他公司，生病需长期治疗，需要读书深造，自己做生意等原因，属于不可抗力因素。

4. 离职人员分析报告第四部分

离职人员分析报告的第四部分，即离职状况分析，是最重要、最核心、最显示价值的部分。

离职状况分析要包含以下五个关键部分的分析。

（1）分析各部门的人数和人员流失率，并做一个排名。

公布各部门的人员流失率本身对于部门管理者就是一个警示，对于那些人员流失率高的部门，人员流失率的曝光会给他们带来压力，促使他们改进部门的人力资源管理，降低人员流失率。

（2）分析各种离职原因所占的比例。

帮助部门管理者找到出问题最多的原因，有针对性地改进。

（3）分析流失人员在公司的工作年限分布。

这个可以展示很多信息，如果是半年之内新人流失率很高，说明是招聘、匹配环节出了问题。如果是三年以上的老员工的流失率很高，说明是员工的发展需求没有得到满足，公司发展较慢。

（4）分析流失人员的绩效情况。

如果流失人员当中平时绩效考核优秀的人较多，例如占比 50%以上，那说明公司的问题真是很严重了，留不住优秀人才。如果是绩效考核较差的人流失较多，例如 C/D 等级的人占比超过 50%，说明公司的管理问题不是很严重。

（5）分析流失人员。

对流失人员的学历情况进行分析，对层级情况进行分析，对年龄分布或公司关注的重点人群核心人才进行分析。

这样就可从多方面来揭示人员流失的真正原因，找到真正的问题。而且这些分析之间可以互相验证，从而使得分析更加客观和有深度，也更加令人信服。

总之，做离职人员分析报告是展示 HR 工作能力和工作水平的重要工作，这需要很强大的信息搜集分析的思维和专业的 Excel、PPT 使用技巧。

高水平的离职人员分析报告，会对离职问题进行透彻分析，直击企业管理的痛点，触及企业管理灵魂，是管理提升的踏板，也是管理者看中的利器。精准、专业的年度离职人员分析报告，可以助你在职场之路上从优秀走向卓越。

3.6 企业文化建设的要义

【主题：企业文化】

近几年，各家企业都兴起了企业文化建设热。但是对大多数职场人来说，企业文化是云山雾绕，看不出虚实，也摸不准脉络，更不知道如何建设的。

秦牧歌对这些企业管理方面的知识一直很感兴趣，企业文化的建设也成了她心中既感兴趣又困惑的话题。

于是她找我探讨，什么是企业文化，是否真有外在宣传的“神奇”作用，做好企业文化的关键是什么，怎么做好企业文化。

【解惑】

拨开迷雾，揭开企业文化的面纱

长期以来，企业文化都被奉为一股玄妙且不可言说的神秘力量。

公司发展得好，说是因为企业文化好；公司发展得萧条，说是企业文化不好；内部管理水平的优劣，也归结于企业文化；更有甚者，将员工离职也堂而皇之地归结为不适应企业文化。诸如此类说辞，数不胜数，总让人觉得莫名其妙又说不出哪里有问题。

那么，究竟什么是“企业文化”呢？

企业文化，或者称组织文化，是一个组织由价值观、信念、仪式、符号、处事方式等组成的其特有的文化形象。简单而言，企业文化就是企业在日常运行中所表现出的各方面。企业文化是一个组织内部所有成员共同认可和遵循的价值观、信仰、共识及生活准则，是企业理念文化、制度形态文化和物质文化形态的有机复合体。

想要深入了解企业文化，先看谷歌、苹果这两家公司的企业文化是怎样的，以及是否有共性、有统一的标准。

细细了解，你也会很诧异，谷歌和苹果同为高科技公司，却形成了不同的企业文化。不同的企业文化将它们引向不同的轨道，各具特色，但都很成功。

谷歌的企业内部工作文化为“工程至上”“开放包容”“小规模团队”等。谷歌像一个民主开放的王国，所有人都能参与到这个王国的建设中来。苹果则提倡“设计第一，技术次要”“保密”“封闭”和关注细节、发挥特色等。苹果更像封闭的东方式精英，核心团队负责创意和设计，其他人负责执行。

谷歌的办公环境：开放式办公空间，色调明快轻松，有些区域让人感觉像在度假村一样。在规划办公空间时，谷歌就会营造出一种开放的、临近的社区，然后围绕这些开放的社区设计周围的支持空间，如开放的会议空间、非正式会议间、封闭会议室，这样人们可以就近交流讨论。

苹果的办公环境的风格却大相径庭。苹果的办公室以黑、白、灰为基调，有比较硬朗的家具设计，属于简约工业风。公司内部的各种摆设比较刻板，中规中矩的，甚至略显沉闷。

可以看出，都是顶尖的国际巨头公司，一样杰出，却有截然不同的企业文化和工作氛围。因此可见，企业文化不是决定企业发展兴衰的关键，也没有统一的优劣标准。

以上两家公司也可能并没有刻意地去经营所谓的企业文化，而是在经营过程中，逐步使企业文化成形，并逐渐沉淀了下来。

优秀的企业文化造就优秀的企业是不成立的。不是企业文化造就了内部员工的价值观、信仰、共识和准则，而是企业的运营和发展需求促成了企业文化的形成，进而影响深处其中的人的思想观念。人们普遍将经营管理与企业文化的先后顺序，本末倒置了。

国内对企业文化的推行普遍盲目。国内管理咨询市场对于企业文化的过度推崇，其实是个迷局，欺负你不懂而已。企业文化的流行，带来的除趋之若鹜、火爆得一塌糊涂的培训，拓展机构圈钱行动以外，留下一地鸡毛——效仿先进公司的做法，没有几家最终做成企业文化。

企业文化被包装得玄乎其玄，好像很有用，可是又抓不住、摸不着方向，始终没有落到实处。不扎根于企业经营，很难有成果，再美的“企业文化”也只能是海市蜃楼，止于幻想罢了。

如果方向错了，则很难起到作用。

关于企业文化也有一系列的理论和操作方法，具体介绍如下。

1. 企业文化简介

企业文化本身包括了制度文化、理念文化、行为文化和物质文化四个方面的内容。

（1）**制度文化**。

制度文化即企业内部的各种规章制度、操作规程。

例如，考核、薪酬、激励、奖惩、任免等制度，投融资、预决算管理、成本控制等方面的制度，工艺设计、质量控制、流程改造、操作规范等制度，品牌建设、促销推广、广告公关等制度。制度文化相对还是实在和靠谱的，在此我是推崇的，不批判。

（2）**理念文化**。

理念文化即价值观、行为准则。

理念文化，是指企业职工对企业存在的意义、经营目的、经营宗旨的价值评价和为之追求的整体化、个异化的群体意识，是企业全体职工共同的价值准则。标语哪里都有，但是离走心，还差太远。有多少员工是背不出企业的价值观、使命愿景的呢？或者仅仅是开早会时喊喊价值观、使命愿景的口号，可在工作中却没有落地？

（3）**行为文化**。

行为文化即用什么样的行为去做事。有多少企业提倡“大家庭文化”，却连社保都不给员工买？又多少喊着“客户第一”、以客户为导向的企业干着坑害客户，卖假药的事情呢？企业文化，也不是你墙上贴什么就是什么的。

（4）**物质文化**。

物质文化即装潢、横幅、着装礼仪、笔记本的 Logo、工卡、文化墙、办公文化氛围等。

但是这些真的是文化吗？物质表面的东西和文化层面的东西还隔着十万八千里呢！难道要求员工都穿了工作装、西装就能够让其高大上和职业化吗？不一定。服装改善了，文化就提升了吗？也不会。

服饰风格和企业文化也不是一回事。乔布斯穿着布衫，仅仅是人家喜欢而已，不是刻意营造的文化。扎克伯格总是穿同款 T 恤，也仅仅是为了简单图方便，也不是刻意营造的文化。

成败都归结于企业文化，而且凡是解释不出来的东西都归结为企业文化，只能说，你们想多了。

那有没有办法，破解企业文化建设的迷局呢？

有的，给你两个法宝，破解企业文化建设迷局。

2. 破解企业文化建设迷局的两个法宝

（1）**制定规范化的制度保障企业运营**。

制度的制定及执行，决定了不同的结果。制度是形成良好企业文化的保障。制度可以约束文化。

从企业的职能来看，不同部门对企业文化建设的着力点也不一样。

人力资源部门需要规范考核、薪酬、激励、奖惩、任免等制度并使之有机结合；生产部门需要规范工艺设计、质量控制、流程改造、操作规范等制度和作业流程；财务部门则需要规范投融资、预决算管理、成本控制等方面的制度并落实；营销部门需要规范品牌建设、促销推广、广告公关等制度；其他部门的制度制定及落实也应该有不同的侧重点。

想要形成哪种企业文化，就需要相应配套的制度作为支撑。要想提倡成本管理，那就加强预决算管理及制度建设；如果提倡客户第一，那就做好产品服务的激励措施；如果想要鼓励创新，那就做好研发成果的激励措施。在制度的保障下，才可能形成有效、持久的文化机制。

（2）**管理者以身作则**。

领导怎么做，下属会跟着学。要想形成好的企业文化，包括工作作风、理念、价值观，老板、领导要带头做，并且以身作则。

现实中，有不少管理者是企业文化的最大破坏者。有的管理者站在制度的对立面，以人治为主，他的一句话就能推翻制度；有的管理者不修边幅，员工也会跟着不修边幅，而且在工作中敷衍了事；有的管理者爱听小报告，员工自然也爱打小报告；有的管理者爱整人，下属也跟着钩心斗角……

在管理者以身作则或者在管理者立身不正的企业环境中，能形成好的文化吗？显然不能。

塑造良好企业文化，管理者的带头作用很重要。管理者身体力行，以身作则，行胜于言，是建设企业文化最重要的支持力量。

所有好的或坏的企业文化，都是制度、流程建设的产物，是靠管理者以身作则、言传身教而继承下来的行为、作风的传统。企业管理不理想，大多数是制度问题和管理的示范问题，而不是企业文化的问题。

正视企业管理的实际问题，脚踏实地管理企业。没有实际的管理行为和制度保障，企业文化就是虚的东西。企业文化是管理和制度建设的结果，而不是起因。

所以，请不要用“企业文化不好”这种不精确的话来反映企业发展的问题，请踏踏实实做管理。

企业文化是在企业踏实做管理的过程中形成的。与企业管理相适宜的文化一旦形成，将有利于企业的持续发展和长久经营。

企业文化不是无本之木，无源之水。企业文化的建设只需要管理者踏踏实实做管理，精雕细琢建制度，以及以身作则。

3.7 如何做到恰到好处地专业

【主题：专业程度】

经过一段时间的专业理论学习后，秦牧歌在和领导谈人力资源管理话题和处理人力资源管理工作时的专业度明显提升了。

有一这天秦牧歌跟我感慨，身在职场，说一个人“专业”是很高的赞赏，而被指责“不专业”是很严重的批评。

“专业”不是动不动显摆几句概念名词就能达到的，那到底怎么做才是最恰当地专业呢？如何才能把工作做好让别人觉得既专业又有用呢？

【解惑】

身为HR，如何做到比专业人士更专业

前几天听到一个音频节目，有知名作家余秋雨先生的快问快答的一个环节。

问：“比没文化更可怕的是什么？”

答：“假文化。”

然而，我想问大家：“对HR来说，比不专业更可怕的是什么？”

答：“假专业。”

有位负责培训的HR，在做完公司内部培训后，严格按照柯氏四级评估的专业做法，尽职尽责、不厌其烦、反反复复地收集反应评估，进行学习评估、行为评估和效果评估。而且每月定期收表和总结。可是员工对他的“专业做法”怨声载道，以至于员工对培训的印象极差，躲培训躲得远远的。

同样，也有负责招聘的HR，整日埋头专注如何去搜简历、如何邀约，如何面试……却从来不和公司管理者和各个用人部门探讨：战略重点是怎么样的，最关键的人才是哪一类，如何加强福利的完善、品牌的建设、对员工的吸引力、内部制度建设和管理……

如果HR只专注操作上的细节，而忽视了企业的整体需求，不关注内部选用育留的衔接，则最后不能达到最佳的人力资源管理体系的整体效果。最终，这类 HR 陷于事务性的工作，疲于奔命，还觉得自己的工作枯燥、乏味、无限重复、没有成就感。

其实，出现以上这些现象大概是因为太依赖书本和理论了。而更可悲的是，太多的 HR 根本没有意识到这个问题，自己戴着自己的“专业”的帽子扬扬自得，与企业的目标和管理的愿景渐行渐远。

然而，HR 也很无奈：我很专业啊，我按照人力资源管理的专业理论做工作，有什么错？我科班出身，受过系统的训练，就应该这样做，怎么就费力不讨好？

最终导致，苦苦挣扎，越做越消极，而好的结果求而不得。

殊不知，如果过于执迷于人力资源管理的理论和专业化，被各种所谓的理念和工具所迷惑，就会缺乏判断力、陷入泥潭并害人害己。在企业运营中，这种“只顾低头看路”的专业操作，脱离实际，变成“看上去很美”，然而并没有什么用的“枷锁”。大家都跟着疲于奔命，不得其法。更有甚者，一味地追求按理论和专业性的要求来操作，让企业消耗大量的时间、精力和金钱，负重前行。

虽然 HR 必须要懂人力资源管理的专业理论，但是，在实际的工作过程中，一定要以结果和目标为导向，灵活操作。最终贡献好的结果才是正途。

那么应该如何做，才能不陷于“专业”，发挥自己的作用，真正为企业办实事，提升整体运营水平呢？有以下思路，仅供参考。

1. **以结果为导向，以解决问题为目的**

充分理解老板或管理者的意图，理解公司的业务状况、业务模式，理解各个业务部门的真实痛点和诉求。找准问题点，一个一个地解决亟须解决的主要问题，提供客观可量化、可见的工作成果，并巧妙汇报工作成果。

用自己的专业知识为企业解决实际难题。审时度势，因势利导，一步一个脚印。

不要死抱着书本上的理论内容去死磕硬做。充分调动一切可调动的资源，灵活应对，最终将困扰企业发展的问题各个击破，取得绩效成果。

2. 复杂的事情简单化

因为各种管理的专业理论是非常繁复晦涩的，所以不是每个人都有足够的知识储备。但是，越是懂很多，越应该举重若轻。生活在人群中，就要懂得变通，如果要想成事，就要用大多数人能够理解和接受的方式去工作。

对HR来说，说话、做事要分人对待，要看互动对象。

有些HR在设计绩效考核制度时，使用了各种考核工具和方式，以及专有名词，即使做专场培训也只对此一知半解。这种制度怎么能在公司大面积推展开来呢？

不如用简单明了的表达方式来设计绩效考核制度。

简简单单说，这样沟通更有效；把妙不可言的方案、政策、流程做得简单易懂，抓住利害关系，这样更有实操性。

“曲高和寡”不长久，能把复杂的事情变简单的人才是高手。

3. 做一个了解业务、理解运营的HR

HR需要加强对公司业务和运营的真正理解，要增强自己的综合管理能力，不要眼高手低。

HR也不要只在自己的小领域里面“画地为牢”、患得患失。HR必须是一个管理的大师，应具备财务、人力资源管理、生产、采购、销售、心理等多方面的知识，也就是说：是一个杂家。

你不了解业务知识，不懂公司的流程，业务部门的人怎么会把你当回事呢？如果你也懂业务知识，提供的建议靠谱，业务部门的人自然而然会找你，把你当成业务合作伙伴。否则，你就是一个负责后勤的人，每天抱着个制度、理论在钻研，结果“一无是处”。

所以，HR一定要加强自身各类知识的学习，同时深入了解公司的业务和运营，只有对公司的整体运营有了比较深刻的了解，你才会意识到业务部门开展工作的艰难，理解他们的真正需求，而不是整天“闭门造车”。

4. 高手，无招胜有招

人力资源管理的相关理论和专业知识，再多也是有限的。花几年时间学习，也能全部掌握。

在掌握了一部分专业知识后，有些 HR 就膨胀了，觉得自己懂很多。每次出手，必依照套路，循着书上的条条框框来做，致使流程僵硬繁复。

而高手不这样，高手往往熟知各种理论和方法，熟练运用各种套路，却总是在工具之间切换自如、融会贯通，在任务之中灵活取舍、游刃有余。高手往往四两拨千斤，对待工作游刃有余。

在实际操作过程中，过分迷信管理理念是不可取的。许多理念、工具、方法是要跟公司的发展现状和综合管理水准相结合起来的，并不能依葫芦画瓢，拿来就用。否则，会“水土不服”。但是很多 HR 不明白这个道理，反而抱怨老板的理念不对、公司的支持力度不够等，久而久之，郁闷难免就产生了。

做 HR 不要迷信权威，要扎根实际的业务运营。解决问题才是硬道理。

最后，总结一下，对于日益热门的 HR 职业来说，真正的 HR 高手，也是千载难逢的“稀世之珍”，是各个公司抢手的人才。

作为一名 HR，要成为精通运营的 HR，要从公司的战略方面考虑公司的人力资源管理所面临的困境，一定要懂运营，并学会从企业运作系统的角度来思考和解决问题，一定要站在一个更高的高度上去思考。这也就是人们经常说的：“学会站在总经理的角度上去思考，与 CEO 共舞。”

把人力资源管理工作做好是件不容易的事，只有用心长期地热爱它、专注它，能够从中不断地学习、实践、总结和积累才会有所收获、有成绩。

HR 不需要局限于别人“是否专业不专业”的评价，而是要把工作做到位，拿成果说话。

是否立志成为一名对组织和个人成长有益的 HR，决定着你从事人力资源管理工作的高度和结局。

CHAPTER 4

第4章

职场突破——高瞻远瞩提升格局

职场江湖，高瞻远瞩，有勇有谋，方能一往无前。

突破现有格局，创造新的局面。

4.1 应该如何与能力不如你的直属上级相处

【主题：向上管理】

秦牧歌跳槽了！

这次跳槽使秦牧歌从小公司的人力资源经理（Human Resource Manager，HRM）变为某大公司的高级专职员工，虽然职位下滑了，但是薪资并没有下滑。她抱着省心和在大公司镀金的心情加入了新公司。

然而，一段时间之后，直属上级的业务水平、管理水平让秦牧歌大失所望，可是直属上级却享受着经理级别的待遇福利，关键是得到了公司总经理的认可。秦牧歌觉得自己的能力不比直属上级差，却得不到应有的福利，更学不到高层次的知识。

带着这种苦恼的心情，她来问我："当觉得直属上级能力不如自己的时候，应该何去何从？如何摆正自己的心态和位置？"

【解惑】

做好自己

当觉得直属上级的能力不如自己时，应该何去何从？一般来说，做好自己，在任何时候都是最佳选择。

在职场中总有人觉得自己的能力强过直属上级。一般来说，这可能是因信息不对称的自以为是造成的，是因下级没有看到直属上级的全部优势和能力造成的。

一般情况下，上级在资历、能力、眼界上势必是比下级强的。而大企业由于组织架构和企业发展规模不同，对管理层的要求也是不同的。大企业更注重内部关系和信任感。在大企业工作，深得总经理认可和信任比业务水平、管理水平如何更重要。如果一个人的业务能力强但是得不到总经理的认可和信任，就只可能做中低层了。

不管你服不服，既然别人能做你的上级，必定有超过你的过人之处，如资历、情商比你高，或者资源比你多。

上级业务能力怎么样？不是作为下级的你应该评判的，应该由他的上级或组织评判。你要做好自己的工作，保证在自己的工作范畴内相安无事，不给上级添麻烦，不因自己而减分。

话说回来，谁的职场不委屈？遇到自己看不上的直属上级，无论是主观认为的还是客观事实上的不如自己，这也都是有可能的。那么，是选择对抗还是合作？不同选择会有两条结果完全不同的路。如何选择，决定了你后面的路是不归之路，还是一片坦途。

提醒你，你的直属上级无论能力强弱，只要是上级，虽然他不一定能给你远大的前程，但是可以在本组织内断了你的前程。

在这种情况下，调整心态后，再选择正确的应对之策才是正解。做好自己，在任何时候都是你的最佳选择。

以下为面对不如你的直属上级时应有的心态和对应之策。

1. 尊重这个“职位”，表现出最具职业素养的心态

在工作中，你要做到对事不对人，即使你不认可你的直属上级这个人，也要尊重这个“职位”。服务好上级，达到上级这个职位对你的要求，是下级应该具有的基本素养。而直属上级配不配这个职位，业务、管理能力如何，不是你能评判的，是他的上级决定的，也是组织决定的。作为下级，做好自己的本职工作，才是最安全的。

2. 将眼光放长远，表现出将心比心的心态

优秀的领导，都是从优秀的下级成长起来的。不计较一时一地的得失，在管理与被管理中体会管理的精髓和要义。

试想，如果有一天你当了领导，你会喜欢在心里不服自己、腹诽自己的下级吗？你会喜欢有点能力却自命不凡、与自己对着干的下级吗？肯定不会。

那么，上级希望有什么样的下级？必定是忠诚、踏实、肯干，还能和自己一条心的下级。

与其眼红他目前的地位和待遇，不如认真发挥自己的能力并做出成绩，做他最得力的下级，以换取上级对你的提拔和回报。如果你有强于上级的业

务、管理能力，那就发挥出来，支持他的工作，让整个部门的绩效因你而出彩。做好上级的左膀右臂，这个才是正途。

职场人，不要觉得多干了就吃亏了，豁达点。凡是为理想而做的努力，每一步都算数，你每一次的付出，总会有贵人默默关注着的。即使有一天，你离开你的公司，这些经验作为你的财富，是夺不走的，它们会给你铺就一个锦绣前程。

3. 支持上级，忠诚敬业

在职场中，钩心斗角的事情不少见。升职加薪是每个职场人都梦寐以求的，手段和方法也各具特色。

是谋朝篡位干掉上级，还是支持上级使之晋升后自己升职？我更倾向于后者。

上级有不如下级的，老板也有不如员工的，都要干掉吗？叛逆之心不可有，忠诚之心不可无。忠诚是比能力还要重要的晋升利器，哪里都不会欢迎“谋反”的人，一次不忠，百次不信，说什么都没有用。

不骄不躁，进退有方，成为上级最重要的帮手，才是正途。

谁都有少不更事的时候，不懂和上级亲近，遇到上级或领导躲得远远的。后面，随着年岁增长，大多数人对人对事会多许多的理解和包容，由锋芒毕露，到圆滑世故。

世间安得双全法，不负如来不负卿。在求职的时候，上级选择了你，给你岗位和机会，要懂得感恩，投桃报李。在工作中，遇到半路空降的上级，也要用自己的职业化素养，调整自己，支持和配合他的工作，多学习他们的长处，成就别人方能成就自己。

尽可能做上级的朋友、盟友。上级也是和你一样的人，也有情感需求，需要下级或同事的理解和关怀。

所以，不妨发自内心地去了解上级，去发现他的闪光点，试着去做他的朋友。去想上级所想，急上级所急，做上级的盟友。凭自己的实力，在关键和危急时刻提供解决方案。

如果这样做，能让你成为上级的心腹，在组织内部获得自己的位置，而且这个位置必定不会太差。

另外，你需要关注的不是拿上级的能力和自己比，而是在这个大公司、这个部门、这个岗位上，是否适合自己发展，是否符合自己的想法，能否镀金。如果是，那就安分守己地做好自己。在任何时候，做正确的事，把事情做正确都是非常重要的。

食君之禄，替君分忧。

在《满城尽带黄金甲》中，有一句皇帝告诫太子的话："我想给你就会给你，我不给你，你不准抢！"

硬抢，过早地露出"獠牙"之后，被干掉的概率远高于胜算，即使侥幸赢了，杀敌一千，自损八百，也会名不顺，言不正。你会失掉作为下级的职业素养，失掉对组织伦理上的忠诚，失掉下级的真心信服。

不抢方为上策，不争则天下莫能与之争。想满足自己的欲望，先成全别人。不争不抢，让别人心悦诚服地捧给你，这才是王者风范。

职场晋升的最佳心态是支持和成全你的上级，你真有能力就做出来让大家看到，工作局面因你而带来的不同。发挥你的价值，让上级的工作"如虎添翼"，让上级晋升和发展得更好，让他因为选择和拥有你而觉得"三生有幸"。你的厉害之处，表现在即使他是不如你的直属上级，你也能送他上一个台阶。

你的忠心上级会感知到，组织也会看好你。你的付出终会得到丰厚的回报。

等到直属上级晋升，他目前的职位就是你的；或者直属上级另谋高就了，他也会尽力地向领导推荐你，在交接的时候倾囊相授，有资源也会与你互通有无。日后你升职加薪，也可以身作则地告诉你的下级，怎么样做才是上级眼中的好下级。

这样的晋升，名也正，言也顺。

长风破浪会有时，直挂云帆济沧海。只要有能力，怕什么？急什么呢？慢慢来，日子还长。你真有能力，总会有出人头地的一天。心态是重中之重，先尽好做下级的本分。

但在“长风破浪”的那一天来临之前，要审时度势，客观全面地评估整个组织的环境、企业战略格局，还有全部工作的状况，感知自己在组织的境况、哪些是工作的重点，以及知道该从哪些地方突破，扮演好下级这个角色是非常必要的。

任何时候，看清形势，摆正心态，因地制宜，做好自己都是你最佳的选择。

4.2　新晋管理者的职场成长策略

【主题：管理者进阶】

经过一番努力，秦牧歌升职了。

但是刚升职，就遇到了一个棘手的问题。

最近公司扩大规模，她晋升为 HR 经理，手下带有两名 HR 专员。由于年轻好学，总经理对她一直都比较认可和信赖，各种事都放心地交给她去做。在这些事中，既有与 HR 专业相关的工作内容，也有要帮总经理处理的一些私事，如寄快递、填报销单等，相当于半个助理。

之前做专员的时候这些小事无所谓，但是做了 HR 经理后还要做这些琐事，就觉得很别扭。但是，总经理遇到一些琐事依旧习惯叫她去做。由于是总经理安排的，她也不好分给下级，导致两名下级工作清闲，自己却整天忙碌。

遇到这种情况，秦牧歌问我："应该怎么办呢？新晋升的管理者应该如何顺利转变角色和职能呢？"

【解惑】

新晋升的管理者的职场成长策略

职场人都想开启一段如有神助、开挂般的职场之路。但是，理想很丰满，现实却总是很骨感，总会有眼前的"苟且之事"和一堆的"鸡零狗碎"横亘在逆袭之路上，让你不得不停下来思考和面对。

和秦牧歌这位新任的 HR 经理一样，很多人都期待在职场上发展得更好。但是，如何才能解决前进道路上的问题，在职场上获得更好的发展呢？

从职场新人到管理者或资深专业人士，都在不同的阶段寻求不同程度的职场成长。而职场成长是需要策略的，以下就把职场成长策略和职场发展结合起来，分享一些经验和看法。

秦牧歌有她的优点，就是勤奋好学，做事踏实。但是，她也遭遇了由员工到管理者的经验、阅历不足所带来的一系列职场问题。我觉得，她所遇到的问题，不会是个例，而是职场晋升过程中普遍都会遇到的。

1. 新晋管理者应如何做好工作

结合秦牧歌的处境，我有以下两点建议。

（1）职场要有好心态，正确处理与上级的关系。

公私分明是理想化的职场状态，身在职场，帮领导做一些琐碎的私人事情是常有的事情。辩证地看，你的升职不也是因为把“领导交代的大小事放心地做好了”才有的吗？所以，应该保持对上级有好的服务的心态，珍惜这一份信任。想开点，拥有好的职场心态，吃亏是福，付出总会有收获。

（2）从普通员工到中层管理，必须学会授权和分工并把控风险。

秦牧歌不好把总经理的私事分配下去，导致两名下级工作清闲，自己却整天忙碌，这就是问题。如果可以合理分工，把控好风险，领导交代的事情，谁说不能分给下级去做呢？这是可以的，只要视任务的性质和内容，严密监控风险即可。等下级完成以后，由你去汇报和反馈，不让他们越级就好。

另外，如果长期让下级处于赋闲状态，长久来看，会使他们对工作的满意度降低，容易流失人才。

我以前在台企曾经遇到一位我很敬佩的上级，我观察和学习她的管理方式——比下级更熟悉他们手上的工作，一旦有缺位，随时可以补位，镇得住员工并不怕员工造反和撂挑子。同时，均匀分工、充分授权和指导他们去做事情，但要不定期检查，把控容易出错的工作关键点，让下级提供工作成果。

我很敬佩的这位上级的管理要诀就是——你要比下级更专业，做得更好，让下级服气，同时分工授权到位，同时监控风险。让下级提供工作成果，使部门获得业绩，下级获得成就感。在执行任务的过程中，管理者要适度管控并留给下级发挥的空间，明确“红线”在哪里，出错必罚。

其实，真实的职场，往往没有太多人有空教你做事的方法，但有心的你也可以靠自己的观察和悟性去学习。多用心揣摩，一定会发现其中的秘诀，你也会有自己的领悟。

2. 厘清思路，形成自己的管理风格

新升职的管理者，往往要经历一番挫折捶打，在问题中成长和学习，才能找到掌控工作和局面的“核心钥匙”，也需要在时间的沉淀中打磨出自己的风格。在成长和学习的过程中，有痛苦是正常的。

职场毕竟是名利场，价值交换才是核心，需要找到自己的核心价值。做好本职工作是职场生存的重中之重，其他部分是锦上添花。新管理者要厘清公与私、轻重与缓急，抓住主要矛盾——上级最真实的痛点、最能出工作成果的点，集中力量做重要的事情，不定期提供超过领导预期的工作成果。这样有主见、有决断力的中层管理者，必定会在职场中稳扎稳打，步步高升。

同时，领导风格的管理理论告诉人们：“人际导向太强的人，不太利于做管理工作。”做管理者，不是要做个“好人”。

连善良这种事情都要有锋芒，更不要说做一位好的管理者了。好的管理者更需要锋芒。做个好人和做好工作两者之间哪能尽如人意？管理企业和部门怎么可能让人人满意？在企业工作，还是要以工作为重，为了做好工作，必然要做一些取舍。

请学会管理上下级的关系，懂得说“不”，拿更有价值的工作成果置换时间、空间，体面地拒绝不合理的要求，让时间证明自己的成果和价值，以达到自己的目的。

在日常工作中，新管理者要形成自己的管理风格，例如，准时、自律、守承诺、有严格的工作标准。如果新管理者表现出一些稳定的特点，则可以让别人知道应该如何与你配合。

分享一下，我的管理风格。仁者见仁，不需要大家认同，也不必照搬模仿，仅供参考。

我对下级的要求是，要么给我结果，要么给我合理的解释，要么搞定与事件相关的其他部门人员，不要有投诉或负面影响。同样的错误不允许反复出现。功劳可以分享给大家，责任我可以和大家一起承担，一起反省和出面道歉。

还有，在工作和平时交往中我对下级的态度是一致的，并且会关注与工作成果相关的数据，以工作成果来进行奖惩排序。

另外，现在的每个年龄阶段的员工各有不同，出生的时代不同，生长环境和个性也不一样。新一代的管理者更要适应新的时代环境，升级自己的管理方式，需要随和、接地气一点，以更好地管理新一代员工。

我也经常反思日常管理的优劣得失，也会对自己的管理方式进行升级，如对待90后下级，能好好沟通，绝不发脾气；能讲明白道理，绝不批评指责；能帮他们弥补过错，绝不出事就推责任。好好说话，不要花太多时间推诿责任，把精力放在解决问题上。问题解决了，大家都没责任，都开心，皆大欢喜。

3. 明确自己的优劣势，顺应职场规律

职场生活是绝大多数之人的必然选择，也是种生活常态。在职场发展，总会希望干出点成绩，闯出点名堂。

你想出人头地，核心就是要明确了解自己的性格优势和劣势，把握住机遇，制定好合适自己的策略，找到适合自己的发展路径和努力方向，才会事半功倍。

不同的人有着不同的性格，但是职场的规律都是相似的，只有真正掌握职场发展策略的人，才能生存得如鱼得水。

职场的位置不只是别人给的，也是自己选的，在通往成熟管理者的道路上，你也可以有选择。

4. 职场策略分享

写到这里，我仍然意犹未尽，想跟大家再分享一下，在职场上想成功，需要学点策略。

（1）找准自己的目标，将目标细化拆分。

破除职场迷茫，“找准目标，并有计划地拆分目标”是一种很常见的策略分析方法。

通过对大目标的拆分，把它变成具体的、能够实行的多个小任务，然后逐一攻破，就能将看似很难的目标实现。这就是为什么高手总是游刃有余的

秘诀。

（2）**围绕“钥匙”技能，策略性打造成长路径。**

就像玩游戏里面的“技能树”一样，当学会一种技能时，就能够开启更高级的技能学习。这种技能便是“钥匙”技能。它就像一把万能钥匙，掌握之后能够开启更多未知的大门。找到你的“技能树”，将核心技能强化和延展。核心技能包括以下技能。

化繁为简的技能。将复杂的问题不断拆分，从而细化为自己熟悉的、简单的组成单元。这个技能都能帮助人们快速找到问题症结，对症下药。

明察秋毫的技能。对事物细节的关注及力透纸背的洞察，往往可以为人们带来意想不到的机会。通过合理的质疑和思考可以培养挖掘潜在机会的能力。

说服沟通的技能。这世上有两件事最难：一是把自己的思想装进别人脑子里，二是把别人的钱装进自己的口袋里。无论哪一种，都需要强大的“说服沟通”技能。这不仅需要口才，更需要对受众需求的精准把握。这个技能威力巨大，掌握之后前途不可限量。

（3）**像策略家一样思考，永远运筹帷幄，胸有成竹。**

说说策略家的心态和思路，要有一个善于面对“变化”的心态。

你永远不知道明天和意外，哪个会先来。这句话同样适用于职场。

虽然要对自己的成长有规划，但每个人都不可避免地会受到外界环境变化的影响。今天看是朝阳产业，明天就可能被新技术、新模式所颠覆。这样的情形，最近几年在各个行业里频繁发生。落实到每个人自身，除了着重打造“钥匙”技能，还要随时做好应对变化的各种准备。

在变化来临之前感知变化，采取行动。怎么做到呢？就是让自己亲自上战场。每个行业都有自己的战场。想锻炼策略思维，就要积极去收集信息并感知变化，然后整理分析，找到方向，如此反复循环。

4.3 应该如何应对职场冷藏期

【主题：职场冷藏期应对策略】

秦牧歌除有HR本职工作外，有段时间还同时负责部门比较重大的项目型工作。她在工作上有思路，表现出色，经常被公司大领导表扬。

然而，不妙的是自己的直属上级不高兴了，因担心会威胁到他的地位，今年被穿了很多“小鞋”，如加薪不优先考虑、升职但不给加薪等，以至于秦牧歌在部门内部进入“被冷藏期”。她以前从未经历过这类事情，她问我：“该怎么办？”

【解惑】

在不利环境下，做一个有实力的自己

在工作中，有“春风得意马蹄疾”的时候，也会有“江枫渔火对愁眠”的时候，不如意的事情常常会有。有人的地方，就有“江湖”，身在职场江湖，环境复杂，有千万因素盘根交错，但凡遇到升迁调转，人心和人性也是极难去把握的，想要得偿所愿也并不容易。

那么，遇到因被认为功高盖主而在职场被冷藏时，应该怎么想？应该怎么办？

首先，要理解并保持平常心。职场是名利场，资源和位置总是有限的，每个人都想争个一席之地，加薪晋升。于是，看似平静的表面，其实早已暗藏波澜。

有时候你已经很努力了，很优秀了，内外兼修，工作硕果累累，却还是怀才不遇的——上级不赏识，同事争功。

很多时候，人们并不能左右环境和局势，纵使拼尽全力，做人做事也很难求仁得仁，付出未必马上就有收获。

不是人人都可以成为职场红人的，也不是时时可以出类拔萃的。于是，人们迷茫了，质疑自己了，不知道方向在哪里？就像秦牧歌的处境一样。

如果你也“怀才不遇”，能力强、业绩优却被“冷藏”。我有如下建议和操作步骤，供你参考。

1. 找准问题，找到原因，寻求“高参”帮助

当遭遇了职场“被冷藏”的情况，不妨先自我反思一下，想想问题究竟出在哪里？找准根源问题，非常重要。

好好想想，换位思考下自己做事的时候别人的感受和想法，如果你是别人又是什么感受。如果自己无法准确找到问题所在，可以求助资深的职场人，如职场“高参”，他可以是你要好的朋友，让他帮你针对问题进行“把脉”。

职场人拥有自己的“高参”无疑是幸运的。我也有自己的职场“高参”，对此受益良多并且深有体会。

那些有经验、有阅历，又德行厚重，而且愿意帮你的人非常适合做你的职场导师。他可以在你迷茫不知所措的时候给你分析问题、指明方向、调节你的状态，让你更睿智地面对各种复杂局面，打破僵局。如果日积月累地提升个人的格局和才干，也会增加自信和从容的气魄、强大和威严的气场。

好的“高参”，一般不会盲目偏袒你，反而会站在中立的角度帮你找到原因，并以平和客观的态度帮你分析得失，权衡利弊，提出切实可行的改进策略和值得努力的方向。

2. 分析原因，根据情况主动出击，化被动为主动

通过自己的反思和职场导师或朋友（“高参”）的指导，找到问题后，全面分析自己的得与失，找出哪里做得不好，去改善问题并修补关系。如果不是不可调和的矛盾，又确实想要继续干好这份工作，就得主动出击，化干戈为玉帛。

要用理解宽容的心态来面对周围的人和事情。鲁迅先生说过一句话，我略作改变分享给你：“这个世界我所不能理解的事情太多了，不惮以最大的恶意去揣测别人，是我对自己最大的保护。”如要缓和关系，就不能先主观上把上级想得太坏，不要轻易贴“小人之心的”标签。人们完全可以换个解读方式，心情和做事方法就完全不一样了。

想要打破僵局，可以找个好时机和适合的场合，与直接上级就个人发展及自己做得不到位的地方进行沟通，达成谅解，为后期更好的上下级合作做好铺垫。

态度谦逊，语气诚恳，站在下级的角度，对上级的帮助和支持表示感谢，把功劳归给上级，并检讨自己平时是否有越级和做得不到位的地方，最后表示，以后会完善不足的地方，在领导的指导下好好工作。

基于这一番感人肺腑的“表忠心”之言，可以让你在部门的处境里面好过一点，矛盾会得到一些缓解。

如要治标治本，也还是不容易的，需要更多的努力。木秀于林风必摧之。平时做事要低调一点，不要在外邀功、不争功，收起锋芒，多些谦逊。功劳是自己做出来的，抹杀不掉，属于你的功劳，别人是会看出来的。如果你懂得礼让，领导都会记得你的功劳，会分你一杯羹。

你可能委屈，也可能不服，但是别讲个性，也别摆大道理，不管你喜不喜欢，职场做人处事的规则就是如此。

3. 当木已成舟时，把“冷藏期”当成“充电期”来度过

如果已经做好了自己该做的、能做的，经过反思和主动沟通的努力，还是无法改变被“冷藏”的局面，这个时候，最重要的是调整心态，理性乐观地调整自己的方向。

怀才不遇的事常有，历史上比比皆是。不要过分苛责自己，人心复杂，理念不同，利益场的事情，很难由自己把控。

这时需要摆正心态，不怨恨、不埋怨，对别人多一些理解，对自己多一些释怀，用平常心处之。还需要用积极的心态去面对困难的处境，挫而不折，越挫越勇。有抗挫能力的人，才拥有逆风翻盘的机会，才是真正的强者。

凡事都有两面性，“冷藏期”恰巧是最好的“充电期”。可以在这个阶段安心学自己想学的知识和技能；也可以锻炼身体，积累本钱；还可以多关心家人朋友，或者谈一场恋爱、孕育一个孩子等。

同时，工作上的事情也需要继续恪尽职守，尽自己所能在有限的资源下做到最好，这是能解自己危难的一剂良药。你的不抛弃、不放弃，时间会给你证明，你有价值，终归无人可以抹灭。

相信自己拼命努力积累的实力和提升的能力会帮你积蓄力量，帮你走出“冷藏期”，成为职场达人。

4. 时机成熟时，另寻高就，实现逆袭

如果你积蓄了足够的力量，也尽自己所能做出业绩，然而依然在困顿之中，那么与其做“困兽之斗”，不如成全别人和自己，另寻高就。外面天高地广，会有更多的机会。

在低谷也能做好的人，实力是稳定的，很容易找一个更好、更适合自己的舞台。因为这个时候，你的素质、能力、业绩甚至心智都已经准备好了，综合实力有质的飞跃。

谁的职场不委屈？无论男女，格局气魄都是靠委屈撑大的。经过这一段低潮的“冷藏期”，你的心智、耐心、韧性会变得坚实，会更有底气去挑战更高的职务，承担更大的责任。

成熟就是这样一步一步地在受挫折中积累出来的。

综合以上四点，是针对职场“冷藏期”的处理步骤和思路，希望对你有启发。虽有先后顺序，但也可以通盘考量，按需取用。

最后，我还是想劝那些有能力、有实力但是暂时不得志的人，要相信自己，放宽心态。人生的起起伏伏非常正常。重要的是，人们可以在不确定的环境里做一个实力确定的自己。

每临大事要“冷静”。是王者就要有“王者”的风范，不能像“青铜”一般慌乱无措，不然怎么实现王者的荣耀时刻？

输人不输阵，气势气场上不能输，切不可自乱阵脚，让人看到软弱可欺的一面。

而且，实际上，值得庆幸的是，职场有的是那些隐藏在自己身边的高人（往往是阅历深厚的高管们），他们看员工的实力、能力是清清楚楚的。谁有实力也是藏不住的。可能这个时期，大领导正在观察你呢！观察你是否有宠辱不惊、淡定自若的大将风度？

如果你是金子，迟早都会发光；如果你是金子，在任何情况下都会发光。因为，一旦你真的有实力、有能力、有业绩，没有人能够阻止一个努力的人往上发展。那是一颗蓬勃发展的种子，向阳而生，坚不可摧。

暂时不如意，不必心急，避免职场出错，做自己觉得对的事情，沿着对的路线走下去。终有一天，你会到达你想去的地方。

希望以上建议能够帮助你尽快摆脱“被冷藏”的命运，让职业生涯充满生命力，成为职场达人。

4.4　如何管理“关系户”下级

【主题：“关系户”下级管理】

秦牧歌被调岗到了分公司做 HR 经理，在她的部门里有一位女下级是分公司老总的“关系户”，工作能力一般，平时飞扬跋扈惯了。最近老总安排给这个下级一项工作，她却想让自己的上级秦牧歌帮她完成，秦牧歌没有答应。结果这个“关系户”女下级居然在办公室和秦牧歌大吵大闹，还想动手……

秦牧歌不知道遇到“关系户”下级飞扬跋扈的事情该怎么处理呢？于是来问我：“该怎么办？”

【解惑】

人在职场，有勇有谋应对“关系户”下级

这个事件是老总亲自交代自己下级即“关系户”的一项工作，下级想向上转手，不如她意还吵闹动手。事件虽然奇葩，但是，此文先不谈这个下级的问题。而是来谈谈管理，谈对下级的管理，尤其是“关系户”下级的管理。现实中，大多数企业多多少少会有些“关系户”，这个见怪不怪了。

俗话说：“仁不带兵，义不行贾。”身在职场你怎能独善其身，只想做个“好人”呢？

人的管理，看起来很简单，其实是大有学问的。

作为管理者的你，必须要学会独立面对“人”的问题，首先要做的就是先管好你手下的“兵”。无论这个“兵”是怎样的类型，都必须要驯服他，这是你的必修课。否则，你如何当得起“经理”，更不要说在职场上继续晋升和发展了。

那么，作为 HR 经理怎样解决好企业中“关系户”下级管理的问题？解决方法及建议如下。

1. 抓住人心，站稳脚跟

作为 HR 经理刚去分公司不久，别人都在观察和试探你，当务之急是先站稳脚跟，切勿在根基未稳的时候，和“烂事”搅和在一起。

当除掉“障碍”的时机不到时，先忍一忍，暂时躲开就好，暂避锋芒。即使有把握除掉障碍，高手的稳妥做法，往往是促使别人动手，尽可能不要自己出手。如果非得自己动手，追求的效果是，不出招则已，出招则一招毙命，不留后患。

身在职场，要懂得做事做人的策略，冷静机警果断。

新的管理者想站稳脚跟，要尽量团结所有可以团结的力量，一个好汉三个帮，聚集可以帮助你的能量和人心，才不至于孤军奋战。

对于总想挑战权威的“关系户”下级，理性对待，先礼后兵。把规则性的话说在前面，明确告知自己的底线和界限，将工作顺利开展。毕竟，做出工作成果，并且让部门内不出乱子，才是基本的立身之道。

如果与“关系户”下级必须长久相处，则需要“诱之以利”，是人总会有需求。再怎么样嚣张跋扈的“关系户”下级，也必然有其诉求和弱点，找准要害，收服“小妖”，为自己所用，一定可以找到突破口的。

消灭敌人最高级的做法，就是把敌人变成自己的人。这个特殊下级的出现，就是练手的绝佳机会。

应该如何收服和自己对着干的人呢？

如果“关系户”下级老是跟你对着干，明显不服你。可以找个时间，心平气和地找他去谈心，谈过去、现在、将来，谈生活，谈朋友，谈他对你有什么看法，问问有什么要改进的地方……等他对你放下敌意的时候，你可以和他谈工作了。攻心为上，先交心，再交流工作。

与人交往应该用心，心诚所至，金石为开。

2. 树立威信，清晰规则

身为管理者，要有自己的权威和底气。上策是靠自己的能力来处理内乱，而不要时时处处靠你的上级和老板，说不定，他们这个时候也正在观察你、考验你。

是时候展示自己的专业实力了，从各项工作中展示你专业的一面，在对下级的管理中显示你的经验智慧，让他们服你。

应对“关系户”下级不按规则办事的问题时，从工作的角度，可以从确立规章制度、岗位职责入手，来确保工作能够顺利开展。建立规则方可师出有名，有法可依，有法必依。一旦违反，完全可以用制度作为处罚的依据。

领导力来自多方面，最直接的就是专业性带来的权威和职位赋予的权力。

必须找准时机，展现自己的实力，有实力、有权威、有智谋、高情商，并有制度、岗位来正名，坐稳这个管理职位应该问题不大。

3. 向上管理，借力使力

如果“关系户”下级是高级管理者本身的裙带关系带来的，又依附高级管理者的庇护而滋生问题，并且凭借高级管理层的职权而嚣张跋扈，中层管理又无法依靠自身的能力和力量来解决的话，就势必要追本溯源，从“源头”上解决“关系户”下级的问题。

有“关系户”下级不能服从管理的，可以尝试用合适的方式，借助上级的力量来管理。可以通过了解上级的性格、处事风格及对事业、人才的态度，同时评估自己在上级心中的分量、在公司存在的价值和自己的实力，来决定在何种时机，采用何种方式向上级汇报反馈，以寻求上级的帮助和支持。

向直接上级或者最高管理层充分汇报情况，听取他的意见，在管理过程中达成共识，按领导的指示来进行“关系户”下级的管理。

历史上，无论是商鞅执法，还是包青天执法的成功，都有向上借力的过程。而这些也正是借助高层的痛点，来管理“关系户”下级的典范。

当你和“关系户”下级有矛盾或冲突时，你应该分清楚冲突的性质。多方位考虑问题，找到解决问题的最佳途径和方式。

例如，一个“关系户”下级不服从你的安排，因为他就是不服你。遇到怎么谈也谈不拢的，需要寻求能做得了主的负责人来帮忙，最好是让他有直系关系的人来解决问题。阐明利弊，说明“关系户”下级不服从安排的原因和影响，相信在立场上你有道理，而上级管理者没有包庇观念，则他会帮你的。

即使上级帮你把问题处理好了，你还得去找“关系户”下级谈，谈你的苦衷、你为他所做的考量、立场、你的目的。

为什么要去再找“关系户”下级谈？因为，你找上级去了，就是间接得罪了“关系户”下级。找他再谈心并不是去讨好“关系户”下级，是为了适度控制后遗症，化解矛盾，多个朋友比多个敌人要强得多。如果你能说服“关系户”下级放下对你的成见和敌意，那么对你今后的工作会有很大帮助。

生活中什么样的人都会遇到，如何可以搞定各种各样的人，那你的“道行”会越来越深，而且运筹帷幄，决胜千里。管理就是管人，处理问题的次数多了，水平会越来越高。

4. 宁折不弯，给自己备一份离职表

中国是个人情社会，管理“关系户”下级，其实是一件很需要勇气魄力的事情。

当你每次管理“关系户”下级时，都应该给自己备一份离职申请表。

当然，有一个前提，那就是此事是正确的且有意义的，对公有利，有制度依据，也事先做到情、理、法兼顾，那就勇敢去做。

万一执行了，遇到高层的阻力，难以改变消极的局面或乱象，也可以借此窥探公司管理水平、发展的前景。如果管理腐朽，也没有必要留恋了。豁达点，不必强求自己。

请相信长风破浪会有时，直挂云帆济沧海。工作的机会有大把，离开这里，说不定下一站更好。

综上所述，对于“关系户”下级的管理，拼的是管理人员的实力、谋略、手段、情商、智商、魄力，这些都是管理者在通关打怪路上必备的技能、技巧和需苦练的内功心法。

管理是门艺术也是技术，需要规则清晰，树立威信，抓住人心，向上管理，必要的时候还要有“壮士断腕”的决心和勇气。

作为管理者需要尽可能得人心，大度能容，容天下所不能容。但是，没有原则，过分仁慈，谁都不愿意或不敢得罪的人，也当不好管理者。

对下级员工的管理，包括“关系户”下级和各类员工的管理，是成长为成熟管理的必修课。

直面困难，鼓励自己去接受挑战，应对难题，交一份满意的答卷。

4.5　人力资源管理工作如何获得高层支持

【主题：获得高层支持】

总听人抱怨职能类的工作没作为，领导不重视，没资源不能做出成绩……但是，也有趋势显示人力资源管理工作越来越受企业重视了，人力资源部门是企业重要的部门……

秦牧歌在做人力资源管理工作的时候，也常常觉得力不从心，希望多得到一些高层支持，但又不知道如何获得高层支持。

于是，她来找我请教："人力资源管理工作怎么做才能获得高层支持？"

这个问题，相信很多 HR 都会遇到，而获得高层支持也是做好工作的重要助力。

那么，人力资源管理工作究竟怎么做才能获得高层支持呢？

【解惑】

人力资源管理工作获得高层支持的策略

在企业管理中，大部分人力资源部门在企业中的地位，可以用尴尬来形容——位低、权轻、责任大。

在职场中，许多 HR 沉浸在每日烦琐的工作中，渐渐麻木，甚至迷失了前进的方向。问题的根源，往往是感觉高层不重视，高层不支持人力资源管理工作。人力资源管理工作缺乏支持，做不出成绩，或者做出成绩了也很少被认可和激励……

无疑，工作需要被肯定，被支持。无论是人力资源部门职员想获得人事总监的支持，还是人力资源部门获得高层领导的支持，都是人们需要的，也是非常重要的。有了支持，才能占据有利地形，获得充足的资源，达到自己的目标，获得业绩效果，也才能有存在感和成就感。

而与此同时，获得高层支持，不是因，而是果。

能拿得出实实在在的工作成果，提供企业需要的价值，自然会获得支持。获得支持不难。如果在工作方面毫无建树，却想要获得支持，再做出成果，就很难。

自问一句，人力资源管理各模块的工作你真的做到位了吗？并且，你的工作效果好吗？

培训工作被员工骂劳民伤财；绩效管理让高层不满意，形同虚设；各种管理流程让员工怨声载道；做一堆表格、制度，复杂万分。没有流程有问题，有了流程后效率更低，“部门墙”更厚了，沟通更费力。样样不解决实际问题，甚至制造问题。试问，管理者怎么可能支持你的工作？

想要获得支持，先得做好分内的工作，达到超过别人预期的效果，才能获得多一些的支持。

那么，应该如何获得高层对人力资源管理工作的支持呢？

首先，要具备一定的运营思维，站在公司角度看问题。

了解公司现状，分析公司发展中遇到的重点问题，这个问题一定是解决深层的问题。根据问题的重要紧急程度排序并逐一解决。

其次，敢于暴露非人力资源部门的问题。

发现问题，分析问题，解决问题。告诉大家真实的问题根源是什么。沟通会议中带着多种解决方案，去提问题，并且有实际的解决问题的能力。要真真切切能够解决确实存在的问题，不要光说不练，“不看广告，看疗效”。

例如，处理问题的时候，可以换个角度看问题：一直疲于招聘，如果不是新组建业务，那可能是内部管理的问题；绩效不高，士气低落，是否是员工对管理不认同？还是薪资福利问题？

再次，不要追求完美，要循序渐进地去改进工作中的问题。

人力资源管理工作不要一开始就急着谈绩效管理、薪酬改革这些大的变革。做大项目以前，先把团队搭建起来，让人力资源部门先具备强而有效的战斗力，有能力了再承接大的改革项目。

做战略变革的时候，不可固执地非得要做完整全面的系统体系，先解决紧急的问题，补上重点缺失，先把局势稳定下来，逐步改进，或者在天时地利人和的时机到来时再全面修改完善。做人做事都需灵活点。

克制一下你的完美主义和强迫症，不要一开始就追求完美——如果项目要拖很长的时间，非得精益求精，憋个大招，等你做出方案时，已经太晚了，企业已经等不起了。效率太低，“黄花菜”都凉了。

我提倡的做法是，在做的过程中改进。先解决重点问题，再按轻重缓急逐步去改善。在工作的每个阶段都让领导看到问题总在积极改善，他所关注的缺陷都在往好的方向发展。这样随着整个管理过程渐入佳境，领导对你的认可也会逐步升级，信任一点点地增加，支持的力度也会与时俱进。

另外，HR 少谈专业术语，一定要简单、务实、有效。

曲高和寡，调子太高群众会接不住的，到时候“啪啪打脸”。制度、体系、表单，是要让别人使用、执行和配合的，最好让人一看都懂，减少沟通的成本，提升管理效率，这样做成功的概率会高一些。

只要高效、务实、能解决问题，并且能够提供直接的价值、带来真实有价值的改变，企业不可能不重视人力资源管理工作，也不会不支持你。

最后，也是获得支持的必杀技——抓住上下级关系是工作关系的本质，顺带注意与上级沟通的方式和技巧。

有空可以稍微学习一些管理上级及与上级沟通的方法。有一些基本技巧可以学习和了解，如相互了解、不与上级争功、不在上级心情不好的时候汇报、简练明确汇报等。这些有用，但不是最重要的。

职场沟通的技巧太多了，有一些会让人迷惑，看多了也会让人误入歧途。

想要处理好关系，需要回归上下级关系是一种工作关系的这一本质。

（1）简单罗列上下级间的主要问题点。

1）沟通不到位；

2）要求不清楚；

3）授权不清晰；

4）工作方式不同；

5）指导不足。

（2）“沟通”成为上下级之间合作的最大问题点。

1）观点不同，彼此的立场及信息不对称；

2）没有有效的沟通方式，沟通不足或沟通不够；

3）信任不足；

4）工作方式不同。

对症下药。只要沟通到位了，要求清楚，指导足够，授权清晰，工作方式磨合好，已适应上级的处事方式，得到上级的认可、信任，你自然会得到上级的支持。

（3）**下级与上级沟通交流技巧方面的要点。**

同时，上级毕竟是掌握下级职业生涯命脉的人，与其交往互动，也需要特别重视，以工作为主，顺带着要注意与上级沟通的方式和技巧。

下级与上级进行汇报、沟通交流，在态度上要恭敬，也要不卑不亢、恰如其分。一般上级的年龄都会比下级大一些，适合把他当成自己的长辈，像对待岳父、岳母那样，那种感觉就差不多了。

（4）**与上级真诚沟通，不需要滥用技巧。**

跟上级交流、汇报，要讲究沟通技巧，但不要滥用技巧。时间长了，再美的事物，也会审美疲惫的，朴素点好。

有事说事，就事论事，简单表达，让上级能快速明白沟通的问题点或主题。简洁为好，节省上级的时间，先讲结论或问题，再讲原因、依据或起因，带着多个解决方案去汇报问题。

同时，重要问题、待办事项口头汇报后要发送文字记录。先口头，再加书面汇报，上级有空可以再细看，同时加入他的待办待决定事项中，更能加深印象，不至于遗漏。

总之，江湖复杂，套路多，执迷不悟很容易误入歧途。套路要懂，但不要过于迷恋套路。路曲心直，回归本质，以诚相待，才能长久。

沟通方式和技巧可以给你带来些许优势，但是不能代替上下级沟通以工作为主线的内容本质，不能模糊上下级关系以提供工作成果、业绩价值为本的实质。

踏踏实实，真心诚意地把工作做好——能处理问题，解决大问题，事事靠谱，件件有着落，能落实又有反馈，做事从不出差错，靠得住，让人放心……这样的下级，自然会受到领导的认可和重视，也必定会获得更多的上层支持。

一句话，去解决实际问题，基于公司的整体目标达成来做事，加上一些对上管理和沟通的方法，让高层支持人力资源管理工作会相对容易一些。一步一个脚印，稳扎稳打，做出成绩。让高层支持人力资源管理工作，不难。

4.6　如何在职场中升职加薪

【主题：升职加薪】

2019 年，一份国人工资报告发布，报告显示：月薪过万人数占比城市 TOP6 排名——上海、北京、深圳、南京、杭州、广州；北上广深受访者中月薪在 5000～8000 元的人数居多；薪酬水平最高的三个行业：互联网、房地产、金融；受访者中工作 10 年月薪过万人数不足三成；过六成受访者工资不及预期；逾七成受访者因为工资考虑跳槽；五成受访者用于理财的钱不足工资 20%……

报告一出，职场人各种扎心。关于这个话题，HR 作为最熟悉员工薪酬的一群人，又有哪些看法呢？

于是，秦牧歌问我："关于职场发展有哪些注意事项，尤其是关于升职加薪有没有什么秘诀？"

【解惑】

职场升职加薪的关键策略

2019 年出炉的国人工资报告所述，"据调查，工作 10 年月薪过万者不足三成"这个话题，很多看到的人都感觉心情很复杂，思虑也很多。

别人的事业做得风生水起，有人成了职场名企的"香饽饽"，而大多数人则沦为职场"炮灰"，工作 10 年薪酬不过万，每天还不是担心被裁，就是等钱还债，头发不停掉，皱纹不停长，可工资"稳如狗"，梦想放进现实全成了泡影。让自己原本落魄的生活现状更显得落寞了。

职场和生活压力大，人们颇有怨言，这个在所难免。

但是更重要的是，理性地思考这个现象，以及自己可以采取的应对策略。

当数据赤裸裸地使你出现各种不同情绪和想法时，作为对职业发展和薪酬规则最熟悉的 HR，应该怎么看待这个事情呢？

我觉得要从三方面看待和应对这个事情，并分享一些升职加薪的秘诀。

1. 参考外部环境、经济环境和企业的经营运作情况

大多数人可能对自己的薪资不满意了，觉得薪资水平低，但忽略了这两年经济大环境在下滑，各行各业都在节衣缩食地过着日子。

自 2018 年下半年开始的裁员潮，引爆了多个行业的“地震”，很多人一夜之间失业。因裁员跳楼的都有。

就连很多人艳羡的互联网行业，有 20 万名左右的程序员在为加班费抗议“996”，京东排队叫号为员工办理离职手续……

新兴行业举步维艰，传统行业普遍资金困难。每个行业都不好做，金融、创业、风投都开始理性化了。

以前技术研发类的人才比较吃香，薪酬要价较高。但在目前的供需市场下，人才量增加，项目更理性，使得技术人员相对没那么稀缺和有价值了。企业都在想办法先活下去，他们不愿投入更多的资金到一个充满风险、短期收益不确定的研发业务里，这个时候别说加薪加福利，能保住工作，薪资福利不降，已是不易。

你所在的地区、行业、企业的经济是什么情况，你是否清楚？

至少，你要知道你所在的行业，你所在的公司这几年的营收状况，它们是否有盈利？

如果外部环境好，机会多，当然可以凭借实力，纵身一跃，获得更好的发展、更大的个人价值。

可如果外部环境也不乐观，那就不要梦想着“赚大钱”，要广积粮，高筑墙，也就是存钱，同时学新的知识和技能，显得更实际。安安分分地等着经济环境好转，再图日后机会到来之时的发展。

2. 心态稳健，你赚钱的态度藏着你的未来

在我看来，月薪不过万，并不算丢人的事。而且，报告中的很多数据会“被平均”的。

据我所知，北上广很多年轻人的薪酬会远高于小城市，一线城市之外的

大量小城市、小县城，还有无数个体户、商户、自由职业者的薪酬往往不高但人数众多。也就是说所谓的“国人工资报告”中的“平均收入”会被拉低也可能被拉高，但都不能代表个体，也不能代表你的情况。

你不能因为一个“平均数”就或喜或悲。

你应该关注的是自身的努力、自己的成长、自己能力的提升，以此来奠定事业发展的基础。

上进的年轻人，更需要拥有的是一个从容有序的好心态。

不知道什么时候开始的，社会上号称月薪过万的人越来越多了，多到你分辨不清，到底是真的还是在吹牛？无从考证。“大多数 90 后月薪都过万了？”之类的新闻频频出现。我想请问是谁给你的错觉？

其实我很不喜欢媒体宣传的这类文章。他们用键盘敲击着简单文字，告诉世人，赚钱是件轻而易举的事情。可是事实并不是这样，不管是过去还是今天这个时代，对大多数人来说，“赚钱”都不是一件容易的事情。

作为一个 HR，我也很不喜欢只看钱的价值观和攀比、浮躁的心态。人人都追求金钱，以金钱作为万事的评价标准。在这样的环境下，年轻人就没法沉下心来磨炼自己的技能，追求自己真正热爱的事业，那又何来“工匠精神”？

社会风气会影响到很多人，特别是涉世未深的朋友，让他们变得心浮气躁，没有合理的预期，不切实际地高估自己，不懂得珍惜机会，心态容易出问题。

对 10 年以上年薪过万的人，也完全没有必要眼红。

HR 在做招聘的过程中，就时不时会遇到能力低但薪酬期望高的候选人。对这种不能认清自己和现实的候选人，HR 往往只能放弃。候选人不得不与机会擦肩而过，错过上车机会，可能还会继续埋怨社会。

年轻人先要脚踏实地找份工作，好高骛远只会自毁前程。如果没有工作机会，则生存都是问题，何来成长和发展。

我听过一段对话，是一个好心态的展示。

几年前，我所在的公司人力行政部门和研究院的博士们为庆祝项目验收去聚餐。在去餐厅的车上，人力行政的总监（接近 40 岁的一位女士）和新入职不久的名校博士有了一段对话。

人力行政总监对博士说，你读了那么多年书，又是名校毕业，一出社会工作就快 30 岁了，但还在起步阶段，看到那些比你只大几岁的人有房、有车、有资产会不会觉得不平衡？

然后那个博士想了想说：“不会啊，别人都奋斗了十多年了，付出了很多，才能拥有这一切，如果我一出社会就要全部拥有，那才是社会最大的不公平。而且，我觉得，如果我也能像他们那样努力拼搏，等再过几年，我该拥有的也会拥有。现在需要积累经验和能力，不必着急。”

这段话说的就是社会的公平——成功对每个人的要求都是一样公平的，你想得到，先问问自己付出了多少。

一开始就因为投机赚很多钱，对年轻人来说并不是太好的事情，你会对困难、挫折、漫长的等待失去耐心，而不如意的日子毕竟会是漫长的。

所谓赚钱的捷径，往往不在外面的世界，而是你自身的能力、资历、实力，这些都需要有个平和的心态、耐心去打磨。

打个比方，你想考试考高分，不必心心念念地想着分数，而应该把注意力放在自己的知识掌握水平上，也就是每道题的解题思路和做题技巧上。

这个就是你赚钱的态度，拥有正确的赚钱态度，才能把力用对地方，才是最有效的路径，也更长久，而且更经得住考验。

3. 升职加薪秘诀，想获得高薪，先突破你自己

如果你确实身在一线城市，拥有 10 年经验，而薪资还不到万元，虽说有些遗憾，但并不是最可怕的。更可怕的是，工作 10 年以上，薪水一成不变，还找不到原因。

虽然人们没办法改变大环境，但是可以从别的地方想想办法，如在这个阶段了解自己的短板，提高自己的能力，为以后能获得高薪酬做好充分的准备。

很多朋友抱怨过工资低，付出收入不成正比。作为一名资深 HR 我想跟大家分享，获得高薪的一些规则和策略。

（1）**有实力才是底气，理论、实践和眼界，你都要有。**

正如前面所说，人们需要努力提升自己的实力。实力才是“硬通货”。每个岗位都有自己的理论体系、先进的实践经验，还有最新的技术、最新

的方式方法。掌握这些知识和技能，通过学习和在岗位上的历练，让自己在最短的时间里，拥有尽可能强的实力。有实力，才硬气，这将是你获得高薪的不二法宝。

（2）**你的技能要有核心竞争力，能取代他人并且自己不容易被取代。**

如果你的工作是随便一个新手都可以做的，那真的该重新考虑一下自己的职业规划了。一个人的工作可替代性很强，老板就不担心他走后公司受影响，自然不会加以挽留，也很难获得高薪。

对职场人而言，如果老板没有主动地给你加薪水，并且没有和老板谈提高薪水的实力，那就意味着：在劳动力市场，你没有定价能力，你的核心竞争力不高。

你会做的大家都会做，那么你就没有竞争力，地位自然也就可有可无。

正如电视剧《我的前半生》里面贺涵说的，先做可以取代所有人的利器，再做谁都不可替代的神器。

所以，人们需要打造自己价值的“护城河”。

“护城河”可以是你拥有区别于别人的技能优势，不仅要会做别人能做的工作，而且自己做的工作其他人做不了。足够“专业”，也是“护城河”，这也包括速度、质量、多样性，还有复杂性，以及人际关系的不可替代性、行业地位、个人品牌口碑等。

哪些可以是你的“护城河”，你要自己找到它。

（3）**升职加薪还要求有“靠谱”这项品质。**

“靠谱”是我觉得最高级的一种聪明。经历得越多，打交道的人越多，越会发现，靠谱真是职场中的一大宝贵品质。

一个人只有拥有出色的专业能力，才有机会被提拔。但不能忽略了，能力固然重要，但比能力更重要的，是一个人对工作的态度。

靠谱的态度就是——你能把每一件事都做到能力边界内的最好，甚至超出预期；你能让人放心地把一件事完全交给你，凡事都有反馈；你能给人确定性，合作过程友好，而不是处处给人挖坑。

你有把小事做好的耐心和细心，能持续给人带来价值感，才会让人放心地和你合作，放心地给你更多机会。因为一件一件小事的靠谱，会累积信任，而且因为你有过“成事”的经历，你能获得成功的概率更大，你的专业水平更让领导放心，这就是你能给人带来的确定性。

积小步，成千里，机会会偏向你，升职加薪的也会是你。

（4）**需要拥有高质量的精力和体力。**

工作多年，我发现很多工作做到最后都是拼精力和体力的。比管理时间更重要的是管理好你的精力。

因为时间是改变不了的，每个人一天都是二十四小时。而精力却是可以改变的，你的体能、情绪、注意力，这些是自己可以掌控的。

还要有强健的身体，良好的体能，因为拥有健康的身体才能满足高强度的工作要求，当升职加薪机会到来时你才更有成功的可能性。

精力不佳，身体不好，事业机会来临时，也会功亏一篑，再好的薪酬福利也无福消受。

综合以上，所谓工作能力也许就是：说话得体，做事利落，精力体力旺盛，执行力强。

以上这突破自己的四个要点只是我目前阶段可以想到的，可能你们每个人也都有一些自己的秘诀和方式方法，尽管去尝试、去努力。择其善者而从之，其不善者而改之。

最后，职场有很多不公平，也有不少倒霉事，也会有羡慕、嫉妒别人的时候，但是，这些都不能阻挡你的未来发展。

每每因为外界喧哗和攀比而烦闷的时候，你需要安静下来，屏蔽这些噪声，坚持自己的方向，持续加强自己的实力。

希望你不要被身边嘈杂的声音影响，少一点焦虑，多一些从容，保持足够的清醒，不断深耕能力，努力精进，成为一个“无法替代”的人。在职场掌握更多的话语权，能时常遇见惊喜。当你足够优秀时，很多机会自动就会上门。

你要记住，你经历的每一件事、你遭遇的每一场苦难，都会在人生中的某个时刻派上用场。为此，你要看清外部环境，准确把握趋势，还要有平和良好的心态，以及掌握正确的提升自己价值的成长及做事的方式方法。你要努力让自己的每一个选择都变得正确。

我更想表达的观点是，其实我不觉得一定要赚很多钱才好，我更欣赏活得有趣的人。物质的安全感，远远没有内心的富足、快乐让人幸福。你要的终究是钱还是幸福？这是你要牢牢把握的初心。

珍惜当下，幸福随时都可以被感应到，人生很长，慢慢来，真的没必要着急。

到了一定年纪，人们开始懂得没有人会为你撑伞，你要学会为自己遮雨。也再没有人为你的人生负责，你要自己做自己未来的主人，活成自己喜欢的样子也是一种成功。

愿未来的人生，都可以淡定从容，过好每一天。

CHAPTER 5

第 5 章

职场再思考——职业化和多途径修炼

遇到职场的难解之题，需要再多想想，还有没有别的启发。

职业发展需要多途径修炼。

5.1 如何面对“背黑锅”这件事情

【主题：背黑锅】

随着时间流逝，秦牧歌也做了好多年 HR 了。

关于 HR，有各种又爱又恨的昵称，如高大上的金牌面试官、培训导师，又比如自我调侃的“招聘狗”“绩效狼”……

但是，如果问到最扎心的称号，HR 总会异口同声地说出“背锅侠”三个字。

是的，企业里 HR 总是扮演着“背黑锅”的角色，业绩做不好说是招聘没找到人的问题，人招来了不好用说是 HR 的问题，员工出现纠纷还是 HR 的问题……

于是，秦牧歌问我：“在那些 HR 一起背的“锅”中，哪些“锅”最常见，哪些“锅”可以避免？”

【解惑】

那些年，作为 HR 背的“锅”

听说你们做 HR 的都很轻松吧，我笑着，呵呵了，我不说话。

听说你们做 HR 的都很容易吧，我笑着，呵呵了，我不说话。

听说你们做 HR 的都很潇洒吧，我笑着，呵呵了，我不说话。

相信很多人都会这样，想象着做 HR 有一副光鲜亮丽的形象——踩着高跟鞋，穿着丽人般的职业套裙，端着咖啡，出入高档写字楼，优雅大气，知性美丽或儒雅帅气。也会想象着他们在窗明几净的办公室，敲打着键盘，从容淡定地与面试者周旋；谈笑有鸿儒，往来无白丁，云淡风轻地教导员工职场技能技巧、职业生涯规划；游刃有余地在老板及各个部门领导中周旋。HR 颇有一副“运筹于帷幄之中，决胜于千里之外”的派头。

然而，真的是这样吗？如果你这样想，你就当我做的是假的 HR 吧。

生活不只有诗和远方，还有眼前的苟且。HR 有千万种，但没有一种是轻松容易的。有人的地方就有江湖，有江湖的地方就有斗争，有江湖恩怨，于是“黑锅”防不胜防，就如劫难，在劫难逃。

以下细说下，作为 HR 背过的“锅”。那些心酸的历史，时刻还在重演。把这些写出来，希望替 HR 发声，说出心底的憋屈，以及 HR 为雇主承担的，为梦想承担的，也为自己的职业操守所承担的。

情境 1：为老板背的“黑锅”

HR 站在老板面前：

管理环节出问题，员工闹纠纷，HR 你去解决下。该辞退就辞退，HR 你去。什么？辞退还要这么多赔偿金？HR 干什么吃的？给不了那么多，你去劝退。总之，你搞定。

不给福利，不加工资，人员流失是 HR 的问题，都是人力资源管理工作没做好。总之，HR 来解决。

哪里有火往哪冲，领导表扬不居功，HR 的滋味有谁懂，一腔无奈两袖风。

候选人太差了，重新招；候选人太贵了，重新招；老板这里有价格合适、能力也合适的候选人。这个岗位不需要了。

情境 2：为公司领导、各部门领导背的“黑锅”

HR 站在公司领导、各部门领导面前：

我们部门想招几个人，要求不高，薪酬不错，明天能招到人吗？什么，招不到？人力资源部干什么吃的！

部门经理登门来，人力需求多 200 人。忽如一夜北风至，明天到岗怎可能？

某部门最近招的几个员工很不错，业务能力很强，工作上进主动。很好！回头给部门经理发个红包表扬下……

某部门最近招的几个员工怎么回事？工作纪律松散，办事效率低。HR 部门怎么招人的？好好做个检讨。

某部门最近业务做得不好怎么回事？业绩出不来，工作没成果。部门说：“HR 没招来人，活干不了。”HR 部门怎么招人的？好好做个检讨！

情境 3：被员工误解和攻击的"黑锅"

HR 面对员工 A、B、C……一大群人：

这么月工资怎么少了几百块？你算对了吗？为什么这里被扣钱？为什么请假不批准？为什么没有奖金？为什么今年没有年终奖？能不能改下考勤？福利太差，员工旅游怎么不搞了……都是 HR 的错，都找 HR 要。

什么？这个月拖了两天了还不发工资！人力资源部得给个说法！

情景 4：为候选人背的"黑锅"

HR 面对候选人：

1）您好！请问是×××吗？您明天有时间来面试吗？

答：您是哪家公司？不去了，太远。不去了，公司太小。不去了，太阳太大。不去了，找到工作了。不去了，不找工作了。

2）您好！请问是×××吗？恭喜您，您被我公司录用了。

答：哦，不好意思，我找到工作了。哦，不好意思，我选择了其他公司。

合适的人不来面试，来面试的人不合适。你觉得合适的人，用人部门觉得不合适，你觉得不合适的人，用人部门又觉得合适。还有各种薪酬谈不妥，还有到岗后被用人部门吓跑的……

重新招！重新招！重新招！这个招聘不给力的万年"大锅"，久久不散，一年到头都在招聘，可是招聘工作何时让公司满意过？HR 含泪望苍穹。

天将降大任于 HR 也，必先让其面试者爽约，让其中意者拒签，行拂乱其所为，所以动心忍性，增益其所不能。

综合以上种种，HR 号称"背锅侠"，一点也不夸张，一点也不过分！HR 承担了太多太多上层旨意和基层期望。

HR 该如何应对"背锅"这件事呢？

那些替组织背的"锅"，HR 当仁不让，含泪也要笑着背；

那些替公司领导、各部门领导的"黑锅"，HR 宽容理解，以真诚的心态去引导，有原则、有限度地背；

那些员工给的"黑锅"，HR 善意体谅，春风化雨，能背就背；

那些候选人给 HR 的“黑锅”，HR 尽人事听天命，坦然面对笑着背。

HR 背着“锅”，负重前行！你可能觉得 HR 委屈，HR 心酸，HR 不服，甚至会劝 HR“珍爱生命，远离人力资源”。

可是，HR 想说的是，他们爱着这个职业，他们平凡又普通，他们散布在全国各地、各行各业，在招聘、培训、绩效、薪酬福利、员工关系、企业文化各个岗位上挥洒汗水和贡献自己的才智。

HR 百折不挠，能屈能伸，心向光明。

HR 痛并快乐着，累并充实着。真的勇士，敢于直面惨淡的人生，敢于正视淋漓的鲜血，背再多的“锅”也挡不住 HR 前行的动力。

因为作为一位 HR，他们觉得这个工作有价值，可以支撑企业发展，完善企业管理流程和管理水平，实干兴邦；可以关照干部成长和发展，辅导他们提升职业素养，实现自身价值；可以心系员工利益，关心他们的幸福和满意度，温暖着千万家庭和无数游子的心；可以宽容和理解候选人，为他们有更好的归宿而祝福。风水轮流转，青山常在绿水长流，总会后会有期。

作为 HR，受伤了，只能含泪一笑，却对明天和未来满怀希望。

作为 HR，背了“黑锅”，却只能让时间证明，谁对谁错。

作为 HR，他们心有共鸣，却不敢转发朋友圈，还是默默工作。

5.2 多年优秀的员工无法晋升，应该何去何从

【主题：员工晋升】

秦牧歌有个朋友作为一家小公司里入职多年的老HR，这些年来经常获得公司的优秀员工称号，做事热情又亲和，专业性也不差，深受各部门的喜爱。

然而由于公司平台有限，无须太多管理人员，而上级领导也比较稳定，因此多年未能晋升。如今马上快到30岁了，却还是高级专员的身份。如果跳槽一走了之，又怕没有管理经验无法获得进一步提高，因此比较迷茫，左右为难。

于是，秦牧歌问我："多年优秀的员工无法晋升，应该何去何从？应该如何规划自己的职业生涯？"

【解惑】

30岁以后的人生，是靠自己打拼出来的

坊间有一句流传已久的话："一个女孩子，30岁之前的相貌，是基因决定的；30岁之后的相貌，是自己决定的。"同样，一个人30岁以前的职业发展是由以往成长环境、家庭背景、教育背景等前期积累决定的，30岁以后的职业发展，是靠后天自己努力打拼打造出来的。

秦牧歌的朋友是一位女性HR，多年来多次获得公司的优秀员工称号，做事热情又亲和，专业性也不差，深受各部门的喜爱。然而由于公司平台有限，无须太多管理人员，而上级领导也比较稳定，因此多年未能晋升。如今马上快到30岁了，却还是高级专员的身份。

看得出来，这位HR多年被评为优秀员工，能力显然是没有问题的，如果不是公司制度有问题，那确实是该归因于僧多粥少，晋升乏力。

30岁，本应该是最好的年纪——精力充沛，经验足够，状态尚可，该是好好施展能力和才华的时候。而她却在这个大好时机中困在瓶颈里出不来，苦苦等待，等待被公司挑选，等待被选择，却总也等不到晋升的机会。现在才发现公司晋升空间狭小，这个时候才想跳槽这个问题，很遗憾，发现得有

点晚了。

这种后知后觉，浪费了多少时间和机会啊！为何现在才明白？

在职业发展上，随时掌握方向，及时预判未来，是很重要的——预见，方能遇见。

你可以用心去工作，可以投入地工作。但是，与此同时也应该眼观六路、耳听八方，及时捕捉外界、内部信息，预判企业发展的趋势及个人职业成长的方向和空间。

不要抱死一棵大树，就想着天荒地老，地久天长。这世界，唯一不变的是一切都在变化，人们唯有迎接变化，方可获得些许安全和宁静。

我认识一位 HR 经理，她刚毕业时在一家台资制造企业工作了三年，虽然台资企业的管理很规范，但是晋升之路漫长。她看到现任人事副理是熬了十多年从总经理助理熬起来的，并且，制造业前景已经不似从前，利润渐薄，高新技术企业的风头已经超过传统制造业。于是，她果断规划做满三年后离职，其间给自己两年学习和能力提升时间。她通过在工作中多用心、多学习、多观察，学完台企的一整套人事流程和制度，以及操作要点，并且在工作外刻苦学习人力资源管理的理论知识并考取相关证书。第三年，她如愿以偿地跳槽到知名高新技术企业担任 HR 主管的职位，完成了职业生涯的第一次跃升。

HR 应该向她学习，提前预知未来，做最充分的准备，并考虑自己职业生涯的连续性，理性地为自己铺就了一条晋升和发展之路。

也就是说，你应该早点就能发现目前的企业没有足够的晋升空间，早早准备好跳槽，寻求外部发展机会。

一般晋升的规律是，三年左右年资，可以晋升主管；5～8 年可挑战下 HR 经理的岗位；8～10 年能不能当上 HR 总监就要看智商、情商、谋略、时机和运气了。

关于职业生涯规划的要点

关于职业生涯规划，以下分享几点，这几点都是“降龙十八掌”里面的经典招数，取名来自《易经》，很有深意。

1. “潜龙在渊”，在职业的瓶颈期，应伺机而动

“潜龙在渊”，这是《天龙八部》里面的一招，意思是说人生有高潮和低谷，在低谷的时候不要迷失，而要时刻准备着。君子待时而动，要善于保存自己的实力，不可轻举妄动。

当实力不足，机会未到时，一定要清醒地看到前路，预知未来的方向，时刻做好准备。

如果想要顺利地晋升到HR管理者，在30岁前，应该努力摄取尽可能多的相关知识，积累人力资源管理的专业理论知识，搭建完整牢固的理论框架。基础的牢固程度，决定了你以后能走多远，也是实力的来源。

同时，在人力资源管理岗位上，应尽可能高深度、高广度地涉猎各模块的工作内容。唯有实践中运用自己的理论知识，才能拥有超高的工作能力。

此外，尽可能提高情商水平和人际交往能力。多接触业内优秀人士，广结善缘，多搭建人脉。

2. “飞龙在天”，乘势而为，机会来临时，你要稳稳抓住

“飞龙在天”，原句出自乾卦第五爻的爻辞：“九五，飞龙在天，利见大人。”如鱼归大海，自由驰骋，表示左右逢源。当你的实力超群时，自然会引得高人关注，并获得贵人相助，你可乘风而上。

时机未到，积累实力；时机已到，一飞冲天。

想要升职和想要跳槽，都是如此。需要依傍自身的实力和等待合适的时机，其间自会有贵人相助。

人力资源行业也好，其他行业也好，都一样。与其费尽心机去扩展人脉，不如潜心修炼，积攒实力。当你的能力足够具备超凡脱俗的实力时，你所想结交的人脉才会形成、才有用。

你的能力达到哪个层级，你才能平等地与同层级的人沟通和交流并且互帮互助。而这个时候，就是等待“飞龙在天”的时刻，请擦亮眼睛，关注外部机会，关注有利于自己的人和事或信息。

时机把握准，顺势而为，去抓住正确时机的人生际遇。

30 岁的 HR，你是否有足够的实力，让你等到“御风飞行”的时候能够气定神闲，老神哉哉呢？自己可以扪心自问，对号入座。

3. “亢龙有悔”，内外平衡，有舍有得，成就丰盈人生

乾卦上九爻的爻辞是“亢龙有悔”。说的是当一个人居于高位时就要戒骄，否则会因失败而后悔。

“亢龙有悔”揭示了一个物极必反、月满则亏的道理。

人们做任何事情都不能太过，倨傲者势必招祸。《周易》乾卦中的“亢龙有悔”不仅告诉人们事物发展的规律，也蕴含了“中庸”的处世智慧，值得人们深思。

工作是生活的重要组成部分，诚然，工作很重要，但是，工作并不是人生的全部。生活和工作、事业和家庭、高官厚禄和采菊东篱，什么才是你最看重的？

你是否了解自己的真心——了解你自己的内心真实需求，明确你想要的生活方式？

只有明确初心，且初心不变，才有可能达到“天人合一”——人与外界和谐统一的境地。

作为 HR，你的兴趣是什么？个性怎么样？是走管理路线还是专业路线？你想要的未来是“叱咤职场”“拼命三娘”，还是“生活和工作平衡且尽享天伦之乐”？你想晋升是为了什么？跳槽又是为了什么？是为了升上去，感受下新鲜的空气？还是为了看上去很美的面子？还是为了职业生涯的高品质？还是仅仅为了升职而升职，以及为了赚钱而升职？哪里是你生活中的乐土？你要自问一下。

还有，升职了你是否就开心了？跳槽跳到哪里才是理想的归宿？你也要想清楚。

人们的终极目的是实现人生价值，受人尊重，并感受到开心幸福，不是吗？所以，做你想做的是什么，要忠于本心，有舍方有得。懂得取舍，大智若愚，成就丰盈人生。

如上所述，一将功成万骨枯。人上人只能是少数，尽力而为，得之我幸，不得我命。除世俗意义上的功成名就是成功以外，我更希望你活成自己想成为的模样——拥有幸福的家庭、健康的身体、良好的人际圈……虽不辉煌，但是本心依旧，过得自得其乐，幸福美满，也是一种成功。

30岁以后的人生，是靠自己打拼出来的。30多岁，人们还应该继续努力，继续奋斗。不是你要不要的问题，而是生活催人奋进。

只有你努力到无能为力，你才能过得毫不费力。才能在选择来临时，决定自己要还是不要？站在是去是留的十字路口，人们的底气来自“无论未来怎么变化，我都能过得比现在更好”的自信。这样的你，必定是最美的。

和朋友聊天的时候，我恍然间发现，我说过好几次同样的话：“我不喜欢被别人挑选的感觉。我不断地努力，不断地学习，不断地升级自己，还不是为了让自己能有选择。我希望，当我决定了自己以后去哪里，去做什么时，能由自己说了算。”

30岁后，人们过的每一天，如果自带光芒的话，都是自己以往的努力赚来的，靠以往的拼命挣来的。

人们要好好珍惜，珍惜每一天的阳光雨露，甚至珍惜偶尔的狂风暴雨，珍惜每天上班路上地铁穿过黑暗迎来塘朗山那边的一缕清晨的朝霞，珍惜每天下班路上闪烁的霓虹，珍惜每一次人生的体验。

如果有一些成功，人们都会开心，但是那只不过是锦上添花。你还是你，是颜色不一样的烟火。

即使有一天，生活欺骗了人们，努力过后不给人们应有的回报；即使有一天人们的颜不动人，青春不再，也能笑着面对世事沧桑。

因为30岁，人们将不再稚嫩，并且清楚地知道自己是谁，知道自己想要什么，也拥有足够的智慧去驾驭生活。人们会懂得自己想要什么，就要花时间去努力，不等不靠不犹豫不彷徨。

最终决定你的生活方式的只能是你自己。30岁没有晋升，不是最可怕的。而把自己遗忘了，迷茫不知所措，看不到前方的路，才是真正的可怕。愿你不再被挑选，而是想走就走，自己的职场自己说了算。

我也想知道，你的感悟是什么？30岁后，你会想过什么样的生活？

5.3　HR 大咖与普通 HR 最大的区别是什么

【主题：如何成为大咖】

最近秦牧歌一直有个困惑，每个行业都有一些名人大咖，人力资源领域也有，那些名人大咖和普通 HR 最大的区别是什么呢？普通 HR 里面也不乏综合实力很强的人，为什么有些人有名气，而有些人没有呢？

这其中，一定是大咖做对了什么事情。

我给了秦牧歌一个答案：那些大咖，大多是实力与勤奋兼备的写作型分享专家。从管理的思维方式到各模块实操技巧，大咖通过写文章，将自己的实力充分展现。好的文章是思想的精髓，会被广泛传播。

所以人气高涨，成就了大咖的强势个人品牌。

写作，是成为大咖的一条成本最低的通道，对职场人有着重要的意义和价值。

【解惑】

通过写作成为 HR 大咖

为什么别人被称为 HR 大咖，而你还是普通 HR？

为什么别人是“HR 实战专家”，你却籍籍无名？

为什么 HR 大咖能够霸气外露吸粉无数，你却闷葫芦倒不出豆子？

因为，你在八小时之外追剧休闲、享受生活的时候，他们在夜以继日地写写写；因为你在睡觉、“葛优躺”、玩吃鸡游戏的时候，他们不眠不休地写写写；因为你在舒适区善待自己安逸度日的时候，他们在冥思苦想地写写写。

没错，他们在写作，你没有在写。这是 HR 大咖/实战专家与普通 HR 最大的区别之一。

细数那些活跃在各个贴吧、论坛、网站上的 HR 大咖，每一位都有别样的精彩，他们乐此不疲地牺牲休息时间来写写写。通过写作，我相信他们收获很多。

我很庆幸也很感恩，我成为“写作分享”中的一员。

对于这一路的写作，我虽然并不是十分勤勉，但陆陆续续也积累了几十万字的文章了；虽偶有懈怠，但是一直没有停止过。就像写到这里的时候是夜里零点三十三分，我依然“青灯”相伴，依然夜半写文。

这一切是因为喜欢，喜欢并享受写作的过程。

另外，写作带给我很多意想不到的收获，远比我想象中的要多。持续输出、持续写作是一件很“赚”的事情。通过写作可以实现自我成长，成就自己。

以前没有开始写文章，我觉得自己很普通，扎在人群中就几乎找不到。同时我也很没有安全感，在职场忙忙碌碌，却总感觉踩在棉花上，没有根基。尤其是在互联网时代，技术、趋势乃至公司、行业都更新换代得太快了，一个人很容易会被埋没乃至淘汰。

坚持写作，成了我最好的避风港，成为我生活中的一抹鲜亮的调剂。

通过写作分享，我开始有了一批拥趸。

写作也改变了我和我的生活，因为写作而受人尊重。家人更尊重我，还很支持我写文章，乃至只要我开始写作就自动清净不会打扰我；以往的朋友、同事，会高看我，多了很多的敬意和爱戴；在公司里，写作的成果，成为我的专业能力的有力佐证，彰显实力。

当然不得不说的是，通过写作，提升了我的圈子水平。我收获了大咖朋友，与他们交流简直是人生的一大乐事。我和大咖们亦师亦友，他们给我很多的关怀和支持，是一笔宝贵的人脉资源。

写作的好处很多，等你去获得。那如何开始和坚持写作呢？重点分享以下四个方法。

1. 赋予写作特殊的意义

我写作是为了遇见更好的自己。

许多大咖在网络平台上风雨无阻地以写文的形式分享、陪伴和帮助万千职场人共同成长，也构建了自己强大的个人品牌。我跟大咖们交流时了解过他们写作的目的是什么——有些是为了分享和鼓舞别人，有使命感；有些是为了自己成长；当然也有希望提升名气打造个人品牌的。

对我来说，写作是爱好，更是一种享受，是滋养头脑的最低成本的方法，是最高级的富养，是精神乃至灵魂上的高级养料。我要用写作来培养自己，先是精神上的，再是物质上的，过上我想要的生活。

你最好是有了兴趣再写作。如果只能靠意志力、非常痛苦地写作，那么你可能不适合写作。无论你希望通过写作这条路获得什么都行，但一定要找到自己写作的意义。

坚持并找到意义。建议找一个神清气爽、夜深人静的时候打开键盘，写一篇“写文章对自己有哪些意义的”文章，坚定自己的目标，鼓舞自己。

2. 先输出，再输入，互相结合持续进行

写出文章并向外输出难，但并不算最难的，难的是持续稳定地输出，而输出以后再保持输入，同时再输出更是难上加难。持续稳定地输出，不容易。

人们之所以觉得输出难，是因为对写作有错误的理解——很多人认为要先有大量输入才能输出，输出前必须掌握非常多的知识、收集很多的素材才能输出，这是普通人的误解。

但实际上，只要你开始输出，即使没话可写，你也会逼自己去学习，通过输出倒逼输入，输入驱动输出……这样才总有话说，这样才是学习的最好方法。输出输入互相循环。利用对快乐的追逐和对痛苦的逃避，倒逼我们输入再输出。

3. 写作离不开深度思考力、学习力

如果你写不出，那就意味着你做得不够，思考得不够，输入得太少。

有一位作者写文章并不久，才一年，但进步很快，已经成为签约作者了，我很喜欢看他的文章，比较关键的原因是他的文章比较有深度，见解独到，总能引起读者的共鸣。

说到底，写作水平与深度思考力有很大的关系。

普通思考只是对问题的分析，只会从一个到两个地方展开，没有进行深度和广度的探索。而深入思考，则会从深度和广度方面思考，提出高明有见解的结论或解决方式。

一位具有深度思考力的作者说，他现在看到路边的广告都能拓展成一篇 500 字的文章。还有一位作者，看到某个观点会通过搜索式的学习，再逐步深化、细化成自己的观点。拥有深度思考力就是大咖和普通人的差别。

没有深思，只会纠结在问题的表面，观点比较浅显，容易人云亦云。而深度思考者能够透过现象看本质，抓住问题的关键，并一针见血地提出实质性的问题，并给出解决方案。

4. 找准方向，心态从容，不着急

当你决定要写的时候，一定要先了解自己，想清楚你适合写什么。人的经历不同、背景不同，知识结构也不同，你要知道适合自己的方向，才有可能一直走下去。

现今网络高度发达，读者群体细分化，写作也有许多不同方向。职场类、人力资源类只是其中微小的一部分，还有网文、小说等。先要找准自己适合写什么，再为之努力。

当决定了方向以后，就要坚持，心态从容，不要心急。不要抱有急功近利的心态，因为写作不会马上让你声名鹊起，不会很快让你鲜衣怒马，也不能让你马上赚到钱。量变才能引起质变，要持之以恒，这也很重要。

所以，不要心急。写作是一项熟能生巧的技能，写得多了，技能才能提升，非一朝一夕之功。

你想通过写作要的那些名气、荣誉，乃至金钱都不会一开始就给你，在这之前，请埋头努力，不问东西。

当遇到挫折时，不要急于否定自己或抱怨身边的人和事，学会从自己身上找原因并努力提升自己。

总之，可以通过写作不断地提升学习力、学习速度、系统学习的能力，这是非常有效的一条路径。希望你也能爱上写作，并能通过写作来重塑自己，滋养自己的精神乃至物质生活。

当然，写作的确辛苦，我写一篇文章基本上最短需要三小时，没有灵感时需要七八小时，其他人的写作时间也有长有短。大家都是花休息时间来写作，牺牲了很多娱乐时间，付出了很多努力。

5.4　忍耐是职场制胜法宝

【主题：忍耐】

秦牧歌在职场上也有几年了，如今也是个小领导了，带有自己的团队。

她发现女性在职场上升职时，有很大阻力。其中一点就包括，许多人更喜欢男上级，而不喜欢女上级。大多数人觉得女性没有男性靠得住，女上级甚至被脸谱化，贴上阴晴不定、情绪化等负面标签。

于是，秦牧歌问我："如果她想更好地走向领导岗位，应该完善哪项能力？怎样更好地带好队伍？应该怎样培养自己的领导力？"

【解惑】

给自己定个小目标

先说一个真事。有一天，我公司一个女职员想离职。她是我招的，我也了解她的能力和她对这份工作的重视程度。对她的离职我感到很诧异。为了挽留她跟她聊天，问她是什么原因。

她说，被自己的女上级时不时地折腾得受不了，而且自己 30 出头了，也有房有车不想做无意义的跑腿工作，并且被琐事所扰，况且女上级的情绪和心情时常不稳定，让人无所适从，莫名其妙……

调研一下身边职场人的看法，好像职场中，男性领导者的被接受程度远远比女性领导者要高。这种情况，是因为男性往往深沉稳重，理性多过感性。还有一部分原因是受困于女性生理因素——内分泌或者激素水平不稳定，会情绪波动，处理事情感性、冲动。职场上的一些女性领导者多少有情绪不稳定、时不时发火的情况存在。

那么应该怎么应对这种情况呢？

我看过一位老师写的这样一句话，觉得写得好。他说："每个人都面临两个战场—— 一个是靠奋斗改变生存环境的外部世界的战场，另一个是靠学习改变自己的内心、性格、习惯的内部世界战场。"

我也曾经后悔，以前任性，偶尔乱发脾气，情绪失控，会放出心里的魔鬼——我性格里的暴躁和多刺。锋芒毕露和咄咄逼人，是我内心的魔鬼，它常常让我陷入孤立无援的处境。经历过几番摔打之后，我才学乖——凡事多忍耐，待人温和，不与人起冲突。

如果能早点修炼雍容大度，锻造更好的性格、更高的情商，说不定会发展得比现在更好。

那么，作为一位职场女性，我们都要正视自己的不足，给自己定一个小目标——多些忍耐，克制自己，狙击内心的情绪魔鬼，赢得内部世界战场的胜利。

1. 忍是人生永不失败的策略

忍，不是怯懦，而是一种胸怀、一种领悟、一种生存技巧，是一种智慧。小不忍则乱大谋，职场有得失，有胜负，要有忍的胸怀，不管有多大的压力都会风平浪静，化危为安。

不去和别人争辩无用的事，不逞口舌之快。别人有别人的看法，即使观点不一致也不必面红耳赤，也不必把自己的想法强加于人。

不要随便生气，不轻易伤害任何一个人。当你感觉自己快要发脾气的时候，不忍会让自己后悔，会伤害别人，这样要弥补的代价更大，请迅速离开战场，或者调整呼吸。“忍一时之气，免百日之忧”。学会忍，人才能成长，才能成熟。

2. 抬头之前先低头

韩信能受“胯下之辱”，直木遭伐，水满则溢，年轻不可气盛，切莫强出头，否则只是自寻烦恼。

在不该出头的时候要忍住，学会低头。如一颗种子，要想成长，先埋进土里，忍受苦闷和寂寞，才能生根发芽。

人要忍住浮躁的欲望，埋头做事，才能积攒实力出人头地。聪明人懂得低头，把不利的环境变成对自己有利的能量，好走更长的路。低头，是种柔软的处世之道，是一种高明的处世智慧。

3. 别让“忍不住”害了你

“忍不住”大脑就短路，失去理智，做出愚蠢的决定。应该理性面对一些事，少一些后悔莫及的冲动。

人一辈子犯的错误，大部分可能是由“忍不住”造成的。在突发情况下冲动、大发脾气、不听劝阻，从而使事态恶化，造成无可挽回的损失。

办公室是最容易滋生怒火的地方，当无缘无故被训斥，遭人误解，因同事晋升而自己受冷落时，如果你一怒之下拍案而起，递出辞呈，那么当时是爽了，但事后冷静下来，才发现真相不是你猜想的那样，就会受累于自身冲动，悔之晚矣。

4. 不生气，才能赢得明天

有涵养才能成大器，看忍耐力就能判断出来是否能成大事。

遇到不顺心的事情就发狂烦躁，是不能成大事的。因为，这样的人内心脆弱，不堪一击。

金庸先生说：“不生气，就赢了。”人生无坦途，面对不如意的事情，学会忍耐，锻造一个豁达的胸怀，海纳百川、处事泰然。

你阵脚稳若泰山，谁又能击败你呢？

5. 每一次的忍让，都是一种造就

忍辱负重，退让他人，不是懦弱，它是向上的态度，也是一种风度。

懂忍让，才能“运筹帷幄之中，决胜千里之外”。时机不到的时候，学会忍让，忍让可磨炼意志，等待时机到来，一击必中。

在职场上每天与各种人打交道，适度忍让能让人们保持愉悦心情，有利于人际关系和谐。拿得起放得下，能屈能伸，坦然接受发生的一切，于人于己都是一种造就。

当然，以上所说的忍和克制自己的情绪，不是全然失去自我意志和个性，而是希望辩证地对待日常生活中的一切。

懂克制、忍让的人在前进的路上势必会阻力更小，更容易成功，更有利于自己成就一番事业。

尤其是广大女性走向管理岗位的时候，更需要注意控制情绪。职场不会因为我们是女人，而包容我们的脾气。职场也不会因为是女性，而违背管理者应具备的风范规则。职场更不会因为我们的身体状况，而无条件地忍受你坏脾气的暴击。

知退让，懂屈伸，低调做人，高调做事。这是在哪里都可适用的受人尊重的法宝。

几番摔打以后，终于懂得克制自己。凡事要多想想再说，深思熟虑后回复和做决策。

越晚发表意见越稳妥，掌握越多信息越有利。因为，后发制人。

越是工作成绩好的时候，做人越是要谦卑。因为，满招损，谦受益。

越是紧急的事情，越是不能急，要稳住心神，从容以对。因为，事缓则圆。

希望女性管理者能全面掌控自己的情绪，虽然它是偶尔身体状况造成的，但是缺点就得改。坦然自若，沉稳厚重。知忍知让，懂屈伸，懂低头，才能在竞争激励的职场为自己争取有利地位。

通过一个目标的坚持和达成，我们将更成熟，更沉稳。与君共勉。

5.5　该不该读 MBA 镀金

【主题：镀金】

工作多年，大概大多数人都会有职业倦怠期，甚至有了往其他方向发展的想法。这些想法除上班外还包括创业、考公务员、继续读书等。

秦牧歌最近做完年终总结，感叹自己又虚度了一年。她想在新的一年里换一个好点的平台提升自己。然而虽有几年工作经验，却觉得自己对很多经营管理的理念和方法都不懂。因此，她想报读 MBA 来镀金。不过也有人说 MBA 对高管以上的人帮助会更大，大部分人读了并没有什么用。

听了这些，让她不知道该如何选择。

于是，秦牧歌问我："HR 应不应该读 MBA 镀金呢？"

【解惑】

应该读 MBA 镀金

我也是读过 MBA 的人。通过三年的在职读研，我的生活和职业生涯都随着 MBA 的学习，发生着翻天覆地的变化。

身边的人也见证了我的成长，并且带动他们发生了改变。那年考完研究生考试以后，我就告诉我身边的几个好朋友她们该读一下 MBA 了。她们犹豫了三年以后，终于去参加 MBA 研究生统考了。

到底，是什么让我们这些人对 MBA 趋之若鹜呢？MBA 该不该读，值不值得读，我希望，用我的亲身经历给你一点启发。

此外，还会分享，通过 MBA 考试以后给我带来的好处。

整体来讲 MBA 研究生生涯"葬送了"接近三年的全部周末，但是，也给我带来了丰厚的回报。

为什么读 MBA？读的目的和收获是什么?我想大多数人也一样，无非是获得名声、圈子和知识。

1. 人脉傍身，前途无忧

我读 MBA，从拿到录取通知书的那一刻起，就一直受到校友的照拂——后面跳槽的企业，要么董事长是校友，要么事业部老总、高管是校友，都或多或少给了我很多帮助。同是校友，天然的亲近，得到的支持和帮助都会比非校友要多。而且有优质名校背景为自己背书，实力、能力和价值得以佐证，升职加薪和跳槽时更有竞争力。

2. 圈子环绕，友情在线

虽然每周都没有周末，连晒太阳都是一种奢侈。但是，我和同学们在这两三年的朝夕相处的同窗情谊，近似于兄弟姐妹的感情，是非常珍贵的。我们在一个城市里相互帮扶，互通有无，使我拥有了人生重要的人脉资源。

3. 升职加薪快人一步

对职场人来说，学历提升的好处不言而喻。长期做 HR，也经常遇到老板要求招聘高管尽量要硕士以上学历的情况。有学历傍身，职业晋升路径更宽。当然前提是具备能力，做事靠谱，刷新的学历高度能给你再加一把火。

我想对秦牧歌及所有正在为是否该读 MBA 而困惑的 HR 说，如果有条件，MBA 是值得一读的，本科毕业三年就可以报考，今年准备，明年正好可以考试了。

投资在自己身上，是回报率最高的投资。只是个人不建议脱产读，会损失自己的工作经验，机会成本太高，在工作的城市找一个可周末就读的 MBA 比较好。

是自己先强大再读 MBA，还是先读 MBA 再强大，这是个没有必要去纠结的问题，只要觉得自己想做，又有用就去做。在你读 MBA 的过程中，经验履历也在刷新，各项能力也在增强，经验和系统的理论知识相辅相成。待你毕业时，你会发现，工作的同时读 MBA 的你比同龄的人收获得更多。

以下再介绍 MBA 的发展和变化的几大趋势。

（1）**MBA 教育受政策影响大。**

例如，2016 年，MBA 报考是受招生政策影响较大的一年：“经过两年的过渡，10 月在职研究生联考被取消，归入了 12 月全国统考，带来了 2017 年研究生报名人数的增长；步入 2020 年，在新的一年里，MBA 教育可能产生变化。

（2）**专业学位：报考人数持续上升，已经基本超过学术研究生。**

相对学术硕士，专业硕士以职业需求为导向，重视运用基础理论分析和解决实际问题能力的培养，对于并非想钻研学术的同学而言，专业硕士更有利于其未来的职业发展。未来几年，专业硕士的报考人数将保持上升的趋势。

（3）**报考热度：冷热不均。**

可以报考的 MBA 院校分布在全国除西藏以外的 30 个省市。根据全国 MBA 教育指导委员会的数据，传统名校如清华大学、北京大学、上海交通大学、复旦大学、中国科学技术大学、武汉大学、厦门大学、中山大学等高校的报考人数较多。而部分地处中西部或名气一般的地方院校报考人数相对较少。

择校的技巧。未来几年，除以上这些名校的 MBA 项目会保持一定报考热度外，以下三类院校，由于具有一定的特色，报考人数也相对较多。

1）“区域性”重点大学，能突出地方特色，盘活地方资源，如西北大学、云南大学、郑州大学等。

2）“行业性”重点大学，能突出行业特色，特别是财经、信息技术等热点行业，如中南财经政法大学、上海财经大学、电子科技大学等。

3）重视 MBA 培养，优化课程结构，加强案例与实践教学，帮助学生解决工作中所遇到的真实管理问题，促进学生的职业提升。

（4）**此外，EMBA 的报考人向“年轻化”发展。**

近年来，EMBA 考生出现了“年轻化”的趋势，目前 EMBA 的平均年龄在 36～39 岁，以往就读 EMBA 的高管都在 40 岁以上，现在不乏 30 多岁的中高层管理者或青年创业者加入 EMBA 学员行列。一方面这与 EMBA 招生人数的增加有关；另一方面更多的是 80 后或是选择自主创业，或是加入民营企业担任管理层职务，面临更多关于企业经营战略与组织能力建设方面的困惑，需要通过EMBA课程的学习来提升自己。

（5）**近年来MBA的招生变化非常快，获得机会的代价越来越大，难度也越来越高。**

2016年12月后，EMBA也取消自主招生考试，归入12月全国统考，带来了三个变化。

1）初试（笔试）难度有所增加，对离开学校多年的企业高管们来说“过线”难度加大。

2）根据各院校的2017年EMBA招生简章，对于工作经验要求，从过去的本科后满八年以上工作经历，变为和MBA一样的本科后满三年以上的工作经历；从过去对专科毕业生人数限定不超过10%，变为专科毕业后有满五年以上的工作经历即可报考，无人数限定。

3）EMBA在研招网的报名系统中为MBA的一个专业方向，因此MBA和EMBA之间可以进行校内调剂和校外调剂。

此外，万方数据表明：全国统考是申请国内MBA的最大门槛，通过率不足三成。

总之，读MBA不是你想读就能读的，其中的艰辛和过程，只有走过的人才知道。正如深耕过土地，才知道果实的甜美诱人。

我不是招生老师，我只是一个普通的学子，我希望分享我读MBA的感受，能对你有启发。

萌生读MBA的想法的时候，是我最失落的时期，那时候刚工作五年左右，晋升机会渺茫，工作没有大的起色。只知道抓住一切可能的救命草——有值得学的都去学一下，有可以考的都考一下，以考代学，磨炼自己。

当时，我只是老公的陪考，是他跟我说想提升下学历，去读MBA。说者无意听者有心，我就当真了。我开始复习和准备考试，也带动他和我一起学习。在四个月备考中，我们每天下班都泡图书馆自习三小时，看课程视频、做习题、做模拟试卷，真的很努力。

那年考试，还不能在本省考，要专门飞到学校所在地成都参加统一联考。我记得，自己在开考的最后一天、最后一分钟，还在强记知识点。

最后的结果是我的第一志愿顺利通过，我很满意。老公也过了分数线，去了他想去的学校。

我无意于渲染那个仅次于高考的过程，没有必要强调自己怎样努力。只是分享，只想提醒你，衡量下你的知识水平，在自己的基础上加上充足的时间努力复习，是否可以使你通过考核。

应了毛主席诗词里的一句话：“待到春花烂漫时，她在丛中笑。”与君共勉。

附上：读MBA的十大好处。

1）可以培养自己成为工商管理领域里的通才。MBA集管理、营销、金融、财务、人力资源、管理沟通等领域之大成，是锻炼自己成为工商管理通才的最有效的方法之一。

2）能够加强和重建自己的自信心。在商场中每个人的奋进和提升常常需要一个新的平台或起点，而MBA往往能提供这样一个机遇，把MBA加进自己的人生经营当中，自己当自己的CEO。

3）提高自己分析问题和解决问题的能力，磨炼自己在这方面的专长，掌握最新的分析方法和手段，因而能以最佳状态迎接人生职场中的挑战。

4）强化自己的核心才干。通过MBA的学习，发现自己的专长，必修和先上一批能培养自己核心才能的课程，为自己在工商管理的主攻方向打下坚实的基础。

5）拥有团队合作的精神。在MBA的学习中有很多方面都需要小组成员之间的配合，需要集体作战，都需要团结协同和共同发展。这种团队协作的精神是许多著名商学院都大力推崇的。

6）培养管理沟通的能力。管理沟通是MBA学习中很关键的一个技能，不仅要学会做报告，做讲演，介绍和分析案例，还要掌握现代资讯收集手段和互联网使用等功能，充分把它们运用到管理沟通之中。

7）拥有校友网络。MBA校友网络是一个巨大的聚宝盆，各路精英来自不同行业和领域，都是各行各业的佼佼者。

8）学会了自己管理自己和自己营销自己。

9）拥有良师益友，还经常有机会聆听来自一线的中外 CEO 或企业家的现身说法。

10）有了一把开启新职业生涯大门的钥匙。读完 MBA，则使你拥有了走向高薪、高回报职位的新起点，帮你开启新的职业生涯。

5.6　学习心理学是否有用

【主题：学习心理学对 HR 的帮助】

现在心理学越来越热了，专家学者的研究理论层出不穷，如色彩心理学、九型人格、笔迹心理学。甚至刑侦里的画像、微表情等行为主义心理学，都受到广大爱好者的追捧，生活中很多人也热衷于网站上的小测试、星座血型解析。在这些热度下，很多 HR 也开始接触和学习心理学知识。心理学的很多知识，可以在人力资源管理工作中得到应用。但心理学又是和人力资源管理完全不同的学科。

于是，秦牧歌问我："学习心理学对 HR 的职业发展有哪些帮助呢？哪些心理学的知识对 HR 帮助很大？并且她还想知道我在实际工作中是如何运用这些心理学知识的？"

【解惑】

心理学可以助力 HR 晋升

先打开你的想象力和我一起来看："假如你的老板掉水里了，HR 和心理咨询从业者能做什么？"

HR 的应对法如下。

登录招聘网站……搜索简历找救生员……面试至少三次才约入职……

还有以下选择：雇人捞他、培训人捞他、给钱激励人捞他、给捞他的人提绩效、按掉河规律做打捞用人规划……

确认是不是工伤，跟进赔付，发抚恤金……做好社保减员……办理法人变更事宜……

精神分析师的应对法如下。

一定是你潜意识里想到水里去……快想想你童年的经历……有没有跟水有关的……快想到了……

你不要放弃……什么？救你上来……潜意识才是重要的事……

认知行为分析师的应对法如下。

你原本就怕水……这下可好了……我来帮你系统脱敏……慢慢呼、吸……呼、吸……

是不是没有这么害怕了……别着急一步步来……再和水待一会……我等下就叫人救你啊……

咦，你不怕水了？我还叫人救你干什么？

人本主义治疗师的应对法如下。

啊，你有没事啊……现在有什么感觉……什么？难受？

我能理解你的感受……让我们一起探讨一下怎么回事……要不我下水来陪你？

心理危机干预员的应对法如下。

你不要害怕……我会陪着你的……救兵马上来了……现在你跟我说话……尽量冷静一点……

回答我几个问题：你家里几口人？做什么工作？觉得工作做得怎样……

（怎么救兵还不来。）

注：以上段子纯属虚构，与实际工作无关，请勿对号入座。

现在心理学在国内越来越热了，HR 与心理咨询从业者既有极大的不同，也有着紧密的联系。

在美国，大多数人都把接受心理咨询看成自信与富有的象征，心理咨询已成为他们医疗保险中的一部分。美国公民接受一次心理咨询如同吃一顿麦当劳那样自然、简单。几乎每一个中产阶级的美国人都有自己的心理顾问，有人这样形容说：美国成功人士的臂膀是由两个人扶持的，一个是法律顾问，另一个是心理顾问。

我在学习心理咨询的过程中发现不少 HR 同行或是已经在心理学的方向有所成就，或是正在对心理学感兴趣，或是在学习的路上。

人力资源管理的第一要素即管人，也就是根据人的心理和思想管理，通过尊重人、关心人、激励人来充分发挥人的积极性和创造性，从而提高劳动合同管理效率。

心理学是人力资源管理学的学科基础——“历史可以证明，现在人力资源管理来源于工业心理学中的人事心理学和管理心理学”。通过分析组织中的人力资源管理过程，研究如何科学地选拔、评价、激励、培训员工，使人的心理和行为组织化。

同是与人打交道，以人为研究和服务对象的心理学和人力资源管理学这两门学科相辅相成。HR 学习心理学的知识对自身工作大有益处。

1. 能更好地处理员工关系和做好个体心理健康的维护

现代社会，员工的职业压力与心理健康水平呈现高压态势。人员心理健康的水平与组织的发展直接相关，也越来越受到关注。

HR 可能在工作中遇到一个课题：如何建立员工安全感？例如，阿里巴巴的人力资源管理以提升“员工幸福感”作为 HR 工作的重要指标。这些都要求 HR 掌握一定的心理学知识。如果能够掌握一些心理学知识，则能更好地处理员工心理问题并做好个体心理健康的维护。

2. 有利于 HR 做岗位测评和人才素质评测

岗位测评和人才素质测评是人力资源管理的两项基础技术，这里面的很多心理测验、测评技术来源于心理学。HR 可以通过对员工人格类型和认知特点的了解，来为员工匹配工作岗位。

在这项工作里，心理学扮演着重要的工具性的角色。

3. 有利于做个体职业生涯规划

职业生涯规划是每个人都要面对的问题。职业生涯规划=资深评估+评估现实环境+找出结合点。学点心理学，有利于为个体职业生涯规划做辅导。

其实心理学的影子一直徘徊在人力资源管理工作里。例如，对于人力资源规划、员工招聘与配置、员工培训与开发、薪酬管理等人力资源管理工作，最难解决的其实还是人心的问题。

由于心理学能更科学地预测人的行为发展趋势，并进行相应的引导与控制，所以，因为有用，心理学今后在人力资源管理的实践中会越来越重要。

4. 帮助 HR 晋升

有心理学知识加持，能提升人力资源管理工作的水平。

在与人广泛打交道的人力资源管理职位上，洞察人心、洞悉人性对于做好人力资源管理工作太重要了。

心理学能让 HR 认识自己，更好地理解他人。例如，学完心理咨询师，拿到心理咨询二级职业资格以后，你的简历上就多了一个优势，让你把其他候选人轻松超越了。

机会往往是稀缺的，仅仅是这一点点的优势，就使机会是你的，不是别人的。路不一样，职业生涯的走势就会完全不一样。

5. 使 HR 拥有很好的职业备胎

在互联网、人工智能时代，将有很多重复性、数据化的工作逐步被取代，谁能说自己的饭碗绝对安全？人们必须要面对的就是提高自己工作的“不可替代性”，而与人打交道的行业最具有不可替代性。

只有持续不断地学习，关注外延的机会，才能提高职场生存的能力。

拜社会发展所赐，人们的心理问题会呈现高发态势，而深圳乃至北上广合格的心理咨询师却极度缺乏，咨询费用为 500～1 500 元/每小时。即使收费高昂，也是供小于求，专业人士太少了。

如果 HR 能提前储备关于心理学的知识，心理咨询从业者将是其非常出彩的职业备胎。未来机会还是很多的。

而且做 HR 所积累的技能，在心理咨询行业都能发挥作用。做 HR 时经常要面谈、做培训，而这些也是心理咨询从业者经常要做的工作。

心理咨询从业者在做个体咨询时的工作方式与 HR 做面试官时的工作方式相同，都是以谈话为主要形式的。当然，其中相互的目的、关系、运用的技巧不同。HR 完全有可能在熟练掌握心理咨询的理论和技巧后，把咨询过程练习得如同面试，毕竟有招聘面试的功底在。

所以，如果你对心理咨询感兴趣，现在就去学，应该会带来意想不到的收获。

当然，就像开头讲的那个段子所说的，HR 与心理咨询从业者也有一些大的不同。在两个职业间切换时要空杯，清空自己。因为，原来的认知和经验如果太根深蒂固，可能阻碍你在心理咨询师方向的深度发展。

必须注意 HR 和心理咨询从业者之间的区别。

如 HR 大多数理性、逻辑严密，而心理咨询从业者讲究的是同理心，要能真正地“共情”。

HR 喜欢给别人建议，热心帮别人解决问题，但是心理咨询从业者不能给别人是与非的建议，也不能出主意，要做“情绪的镜子”，只能反射给客户，让他们自己察觉和感悟。

大多 HR 有是非好恶感、道德感，喜欢评价，偶尔下标签，但是心理咨询从业者会直面人性的恶，那是客户不为外人所知的隐痛，不能歧视，不能强加自己的价值观，只能尊重理解，并帮助他们摆脱困惑、执念，实现自我成长。

心理咨询从业者是“人心的医生”，人性复杂，而且人生悲苦，人性脆弱。在心理咨询的学习和实践中务必要更加谨慎。在理论技术不成熟的情况下，千万不要盲目实验，因为有时候会对心灵造成不可逆的伤害，后果难以承受。

要花 5～10 年不断地学习和自我成长才可能成就一位心理咨询从业者，难度堪比培养一个合格的 HRD。但是，值得人们去努力和付出。一位优秀的心理咨询从业者，在目前及未来的市场上非常稀缺，并且可以在学术地位、社会地位、经济上获得丰厚的回报。

CHAPTER 6

第6章

提炼——培养有价值的能力

提升自身的能力，最重要的是提升获得幸福的能力，
让自己的价值得到真正发挥。

6.1 真正成功的人最有价值的能力

【主题：年轻人需要什么能力】

年轻人更愿意选择相对较为光鲜的行业，而类似建筑等部分行业想要招聘年轻人，往往处处碰壁。

对此，秦牧歌问我：“如何看待部分行业招聘遇冷、年轻人择业现状的问题？”此外，她想知道真正成功的人最有价值的能力是什么。

【解惑】

真正成功的人最有价值的能力是什么

——如何看待部分行业招聘遇冷、年轻人择业现状的问题

年轻人愿意选择光鲜亮丽的行业，这个可以理解。但现实普遍存在的问题是，有些行业和岗位看起来舒适，但收入不高，可家长们都希望孩子们挤进去；而对于收入高但是很累、体力消耗大的行业如建筑、传统行业，年轻人越来越不愿意选择了。

诚然，光鲜亮丽的行业虽然不一定带来高的收入，但是，它有优美舒适的环境、稳定的工作岗位、相对完善的薪酬福利，还有在外人面前的那一份“体面”等。加上处于“优等劳动力市场”的“光鲜亮丽”行业，以学历、素质、知识技能来区分人才优劣，彰显了本行业从业人员的优越性。

以上这些好处，使得年轻人在现实价值观导向下，争相角逐，使出浑身解数企图靠获得一个优等的职业，来打破阶层限制，改变自身的命运。

不能一叶障目，不见泰山，通向罗马的从来不是只有一条路。无论是想赚钱谋生、养家糊口、实现自身价值还是回报社会，都不是只有在某一些行业可以办到。三百六十行，行行出状元。

针对秦牧歌问我的问题，以下通过分享三个故事，来表达我的观点。

故事一：韩国前总统朴槿惠被刷上热搜，经历100多次的审问后，量刑被公布。这位曾站在一国权利最顶峰的总统，为何以这种惨淡的形式收尾？观其一生可谓一个悲剧，父母先后被暗杀，尔后又遭遇众人的背叛和白眼，即便登上总统之位，也极度依赖崔太敏、崔顺实父女。

究其根本，朴槿惠从未能保持自己精神世界的独立和完整。

观点：真正成功的人最有价值的能力，应该是独立自主，忠于自己内心。

故事二：在年度热剧《我的前半生》大结局中，那个在咨询行业叱咤风云的商务高端人士贺涵，抛开一切，去了渔人码头捕鱼。从光鲜行业到不光鲜的捕鱼业，是他短暂的选择，是为了追求自己内心——“好的恋人和好的鱼都是可遇而不可求的”。

我觉得捕鱼的贺涵和商务人士贺涵比，一样帅气有魅力。

观点：成熟的人，就是有选择的权利和追求自我的自由。不必在意别人的眼光，无所谓光鲜行业和不光鲜的行业，做自己想做的，不需要在意别人的评价。

故事三：电视剧《温州两家人》主角黄瑞诚的儿子黄小威，不去接父亲班做生意，而是离家出走，来到制作陶瓷刘大师的隐居地学习修补瓷器技艺。他在国外和灵子一起，以精湛的手艺，通过修补古董瓷器获得赞誉，而且法国贵族出高价雇用他们。

我禁不住被修补瓷器这项传统技艺所折服，拥有一项传统手艺太了不起了。精湛的传统技艺可能并不光鲜，但它所带来的价值，远胜大多数表面光鲜的商务行业。

观点：不是只有光鲜行业才能显示一个人的做事水准，每个行业的细节处都是匠心所在，都能彰显一个人的能力和水平。

总而言之，从以上这三个故事里面可以感受到的是，你的价值是由你本身决定的，不是由你所处的行业、职业决定的。你的幸福和喜悦也应该来自你的内心——拥有选择的权利，独立自主，忠于内心。

现实中，年轻人有自己的爱好兴趣，也会对传统行业感兴趣，但是苦于喜欢的行业不够光鲜，而不得不改变自己，投入庸碌的“光鲜行业”，做着一份自己不喜欢的工作，不敢正视自己真正的爱好。

许多传统行业因为不够“光鲜”，且没有年轻人愿意放低身段去选择，所以导致有价值、务实的东西可能无法被继承，而年轻人也会错过那些神秘有魅力的领域。

当我不再在意别人的眼光和依赖别人好感的时候，我觉得生活是从未有过的轻松和顺畅。

是的，没有人愿意过糟糕的生活，可行业和职业不分高下。决定生活质量的，从来不是某一行业和职业，也不是别人的称赞或批评，而是自己的能力。面对自己，忠于自己的内心，忠于自己的选择，接纳自己，善待自己，并无畏无惧，才经得起世事艰难。

掌握了最有价值的能力，你才不会被动前进，才能拥有主动权。

当今社会技术进步，生活日新月异。今天所面临的很多问题其实也并不新鲜，这个问题的根源就是：人们极度缺乏安全感，在精神上，甚至物质上过分依赖他人。

从根本上讲，从人们出生开始，便需要依靠父母或者其他成年人的照顾才得以生存。成年之后，人们本来应该成为独立的人，但讽刺的是，人们往往变得更加依赖他人。

在生活中，人们总是“向外寻找”答案：幸福、建议、感情、爱、认同……人们向专家寻求建议，希望别人解决自己的问题；人们向爱人撒娇发火，希望另一半回应自己情感的诉求。

这是作为群居动物，生存在社会中的一大好处。但要注意的是，绝不要过分依赖外界。外面没有别人，只有你自己。

其实，想要得到快乐，在精神上，求人不如求己。

世事看得通透些。如果你不满意或想改变自己的处境乃至命运，那就从改变自身做起，无论你想要的是什么，大多数都可以通过自己扎扎实实的努力得到。

当你停止在自身之外，寻找幸福、名利时，你会发现，你可以真正依靠自己。这也会帮助你在生活中找到方向，以自己舒服的姿态去融入这个世界，学会去爱别人。

学会独立，还需要放松身心，享受独处，“唯有自爱，才能更好地爱别人”。

最后，其实我自己也有想过，以后会去学一门传统的手艺，学做瓷器就很不错，做个手艺人。或者，我每天在家里写写字，做个作家。虽然赚的钱不多，但是精神世界富足，每天都有时间沉浸在文字的心流世界，我会很满足。这些行业和职业可能都不“光鲜”，但是，让我觉得“幸福”，这就够了！

这些感悟也是我学习心理学最大的收获，学会分离、独立。懂得和自己相处，你自己才是最重要的，多关心自己的感受。

6.2 八种能力将深刻影响你的一生

【主题：最值得拥有的八种能力】

在一个风和日丽的午后，阳光和煦，微风轻拂。

秦牧歌抿了一口咖啡，缓缓跟我说："老师，您总说一个人值钱才能赚到钱，有实力才是底气。人生值得追求的能力有许多种，那一个人若想值钱、有实力，需要配备哪些你觉得最重要的能力呢？哪些是最值得拥有、最能影响一生的能力？"

【解惑】

这八种能力，将深刻影响你的一生

每个人都希望拥有幸福的人生和成功的职业生涯，有意识地培养以下这八种能力，可以让你的实力配得上你的梦想。

1. 放手的能力

这几年，我最喜欢的一句话是："过于注重物质，一定会付出精神上的代价。"

很多物质的东西不需要占有太多。放弃物质的贪婪和痴迷，不要一直无止境地买买买，也别太牵挂别人的回报和回馈。对一些人、事和物，不必太过执着。

不穿的衣服，都扔掉或捐掉吧；别再等待朋友圈里的评论和点赞；别为错失的那些机会而懊悔……

学会放手，是成熟的标志，虽然并不容易，但是它很重要。

争不来的事情不必去争，等不到的人不必去等。

学会放手，是一种成熟，既是放过别人也是放过自己。懂得适可而止，会更容易过好明天。

当你看淡了很多无谓的东西后，才发现接下来还有更好的在等着你。

人生处处有磨难，活着就是一种修行。除了生死，都是小事，但行好事，莫问前程。

2. 保持自我、不人云亦云的能力

有个故事，在一群羊面前放上一个栅栏，领头羊跳过栅栏之后，后面的羊也会跟着一个个跳过。但是把栅栏突然移开，后面的羊还是继续跳，就好像栅栏还存在一样。

遗憾的是，大多数人都跟继续跳跃的羊一样，做着别人认为的“正确的事情”，成为别人希望成为的那个样子，却忘记思考这样做对或不对，到底有没有意义，是否是唯一的活法。

学会不做模仿别人的“羊”，可能是人们一生中最重要的一课。

活成自己想要的模样，不取悦谁，也不为谁而卑微，会自成一道风景。

你的特别，也是一种风景，按照自己的想法活，只要不影响他人，对人对事不亏欠，也没有什么不好的。

拥有保持自我、不人云亦的能力，活成自己想成为的样子，本身就是一种成功。

3. 逆境中快速恢复的能力

在生活和工作中，总会有无穷无尽的希望和失望。

逆境总会发生，需要人们能够从一败涂地中一次次地站起来。

即使到了谷底，也能重回风光无限；即使经历一次次的失败，却从不放弃重新起航。

人们要试着培养这种能让自己一次次从头再来的能力——逆境中快速恢复的能力。

在生活和工作中都不能保证永远不失败，但是，拥有逆境中快速恢复的能力，就能保证你有逆风翻盘的机会和可能性。

不抛弃，不放弃自己。只要生命不停歇，心跳只要不停止，就要这样彪悍地和命运对抗下去。

岁月不饶人，你又何曾饶过岁月？

想做好 HR 更要如此，因为在 HR 的职业生涯里面挫折和困难是无处不

在的。

不要和别人说你的过去有多么的辉煌，也不要和别人讲你的现在有多么的狼狈，因为那些都代表不了你的未来。

无论过去和现在，都可以因为你的自强不息而引领你到达更好的未来，而过去和现在的一些不如意，将是美好未来的最好“注脚”。

支持你走下去的，就是这种打不死的“小强精神”，就是逆境中快速恢复的能力，能帮你度过最难熬的时期，守得云开见月明。

4. 和自己相处的能力

意大利传奇导演费里尼说：“独处给你一个独立空间、一份自由，这些是人们嘴上喊‘要’，实际上却害怕的东西。”

罗马诗人 Tibullus 也说过：“在孤独中，一个人要像一支队伍。”

世界很喧嚣，心灵却是需要空间的，要有“留白”。

一个人的时候也能做到充实而快乐，如果你掌握和自己相处的这项技能，相信我，没人能夺走你的幸福。

众行远，独行快。人生的孤独时刻几乎是无法避免的。

有些路，注定没有同伴，需要你自己一个人走；有些时间，注定没有陪伴，需要你独自去享受。

那么，你就做自己最好的朋友，享受自己的陪伴，享受一个人的快乐时光。要和自己好好相处，倾听内心深处的声音，理解并接纳自己。

5. 讲故事的能力

有些人、有些道理，能让人们记很久，往往是因为讲了一个好故事。

在工作中，我通常不会直接讲道理，而是先讲一个故事，这样会让同事或下级对道理的印象更加深刻。

你将在人生数十年间遇到无数人，而你也将忘了他们之中的大多数人，但是你一定会记得那些会讲故事的人；你将在生活里听到无数的道理，而你也将忘记大多数的道理，但你一定会记得引出这些道理的故事。

学会讲故事，拥有讲故事的能力，不仅可以提升你的管理和说服水平，更能让你变得丰富而有趣。

好故事是不会因为讲多了而变得乏味的，有一天，你的经历也会是我听过的最动人的故事。

愿你的故事细水长流，也祝我们的孤独择日而止。

6. 与众不同的能力

知道如何让自己与众不同，是一项重要的技能。你需要找到自己最擅长的领域，在那里，你做得比其他人都要好。做一个能为别人创造价值的人。

做“世界之最”，通常是很不容易的，但是“斜杠”的时代，人们可以另辟蹊径。

例如，做世界上最好的 HR 非常难，做世界上最懂心理学的人也非常难，但做一个既知道人力资源管理实践，又对心理学有所了解的人还是可以实现的，并不难。

这跟要比聪明的人漂亮，比漂亮的人聪明，是一个道理。

永远有自己的特色，能让自己与众不同。

多掌握一门技艺，哪怕只是在别的地方比别人强一点点，一旦机会来临，它就会是你的而不是别人的。仅凭这一点微弱的优势，你在机会的岔道口会被命运砸中，人生境遇会从此不同。

7. 自律的能力

人们都需要自律的能力，因为它几乎是你实现其他任何梦想的前提。

自律是指让你的想法决定你的行为，而非你的情绪去决定你的行为。

即使在最初的热情褪去后，你仍然可以继续完成这个想法或者项目；即使你非常想躺在沙发上看电视，也还是要去健身房……

古希腊柏拉图说，自制是一种秩序，一种对于快乐与欲望的控制。

凡是开了挂的人生，多少都有自律的影子。

人生没有捷径可走，这个世界上也没有所谓的超人。成功的金字塔都是靠努力和付出堆叠而成的。持续的努力和付出就需要自律来支撑。

想要自强，必先自律；要想人前显贵，必先人后受罪。

自律，方能使你掌控自己的人生；自律，使你获得自由，例如，想走就走的自由、想拒绝就拒绝的自由、想选择就有选择的自由……

8. 沟通说服和准确表达的能力

说真的，大多数人都缺少沟通说服和准确表达的能力，但它们又极度重要。

强而有力的沟通说服能力，以及可以用语言准确表达自己想法的准确表达的能力，可以帮助你快速建立人际关系，随时随地和别人自如地交流思想，给别人留下深刻印象，甚至在关键场合脱颖而出。

锻炼自己表达能力关键就是勇敢去说，并训练自己的表达思维。走出去，开始和别人对话吧！解开自己的束缚，表达你自己！

在表达和沟通的时候，要有意识地训练自己思维，如结构性思维、金字塔式思维、因果思维等，还要有意识地提升自己表达的逻辑性。

在聚沙成塔式的日积月累中，你的沟通表达水平会让别人望尘莫及。终有一天，你会是人群中自带光芒的那个人。

综上所述的是我认为很关键的八种能力。它们会深刻影响你的人生。它们不仅能让你在事业上更进一步，更能让你拥有让自己幸福的本事。

成长的过程让我明白，很多东西是靠不住、不能完全依赖的，如青春、美貌、金钱、地位，甚至那个说好照顾你一辈子的男/女人。当所有外部资源和依靠悉数褪去时，谁都带不走的是你拥有的能力，你一直刻苦修炼的本领。

你的实力，就是底气。它们能让你配上更好的生活，哪怕一招不慎满盘皆输，也能带你逆风翻盘重回巅峰。

在这个焦虑的时代，做个内心强大的人。

过去，一笑而过；将来，安然以待。

练技修心，让自己拥有这些特殊的能力，引领自己找到自己，找到方向和未来。

6.3 如何活得精彩，不辜负这一生

【主题：如何活着】

职场压力大，每个人都在各种各样的经历中变得成熟。成长的路上总有人告诫你，成熟就要有城府，有心计，擅于隐藏和伪装，要懂得趋利避害，甚至趋炎附势。也有人则提倡简单就是幸福，与人为善，忠于自己……

那么，“要过怎样的生活才值得呢”是每个人都在考虑的问题。

秦牧歌也觉得追求人生的真谛和个人价值的实现，都很重要。但是，她并不确定该怎样活才最值得、怎样过才叫不辜负这一生。

于是，秦来和我闲聊人生话题。希望能了解我的亲身感悟。

【解惑】

在岁月打磨下，活得不辜负这一生

生活不易，各种各样的压力充斥着成年人的日常生活，每个人都在各种各样的经历和经验中逐渐成长和成熟。在前进中，总会有迷茫和不知所措。要过怎样的生活才值得呢？这是每个人都该去考虑的问题。

成长的路上总有人告诉你，各种各样的人生道理、过来人的感悟。而我们总是：“听过很多道理，却依然过不好这一生。”

讲道理，灌鸡汤，这个不是我想要做的事情。只是既然秦牧歌问到我这些话题，我也就顺势回味和总结一番。仅仅是我个人的想法和观点，不需要认同，也不需要接受评判。

在岁月打磨下，我背道而驰，越成长越简单，越活得像自己本来的面目。

想分享一下，这些年，我见过的那些活得精彩洒脱的人是如何活成自己的。他们身上那些让我羡慕的本事和他们面对自己和生活的态度，都深深令我折服。

1. 忠于自己

有讨好型人格的人，会很惶恐，很不确定，希望讨好身边所有的人。但

是，后面你会发现，这样并不能换得他们的好，反而得到的是辜负，自己也非常不开心。

学会“适度发出自己的攻击性”并展现自己的界限和棱角，学会“接纳自己，关注自己的感受”，站在自己这一边。

生气不如争气，改变别人不如改变自己。

多关注自己本身的成长发展，多关心自己的喜怒哀乐，多在意自己的感受，坚持自己觉得正确的想法，做自己觉得正确的事情，不要因太在意他人的眼光而变得束手束脚。

当不再过分在意别人的眼光，卸下包袱后，你会感觉到前所未有的轻松和畅快。而且周围的人，反而会变得友好了。因为他们知道了你的原则、你一贯的为人处世的规则。

记住，别人对待你的方式，是你教会他们的。你必须让别人知道你的界限和底线。

对自己要求严格，对别人不做苛求。做人做事公平。对你好的人，记得感恩，加倍回报；对你不好的人，必要的时候可以反击，事后一笑而过。要会感恩戴德，也要会适当反击。内心可以柔软善良，但是不能软弱，不能盲从，也不要随波逐流。

以前人们总说，幸福很简单，现在觉得，简单就是幸福。

其实，人们不需要把人心和人性想得太复杂，不需要伪装和违心。简单点，做自己就好了。

那些能拥有简单和快乐的人，大多数是因为，他们用自己的真心与这个世界做连接。即使这样做偶尔也会受伤，也当成一种成长的体验吧。

活成自己希望成为的模样，这本身就是一种成功。

2. 拥有独立和赚钱的能力

之前有个段子“论孤独的等级”——人们调侃最高级别的十级孤独是一个人去医院。也有人抬杠说最孤独的是一个人吃饭如吃自助餐。因为你一个人去医院，做完检查回来，你的床位还是你的。而一个人去吃自助餐就不一样了，说不定你去取个菜，回来以后，你的碗筷全都被收走了。

我却觉得，最孤独的是一个人去旅行。

一个群居的人，离开熟悉的人群，是一件挺难受的事情。在旅途中，看别人成双入对，你却形单影只；看着美好的风景，你却无人分享。连拍个照都没人帮忙，还要被人当成异类，甚至是怪人，被揣测是不是失恋了或者遇到不如意的事情之类的。这样的旅行，每时每刻都是折磨。

每个人都会有孤独的旅行时刻，我也有。但是，世界那么大，我想去看看。那世间美好的风景对我有致命的诱惑，促使我不得不奔赴那一次次的旅行。

然而，我有一个超赞的解决孤独的方法，把没人陪伴变成了全部人都陪着我。这个方法就是，以导游或领队的身份带着全部人一起玩。从大学开始我就有导游和领队的从业资质了。

这样的合群，很好地掩盖了自己的孤独。这样的热闹，也缓解了我的尴尬。

这些年，我去过很多地方，包括很多东南亚的国家，对中国的景点尤其广东的非常熟悉。

我觉得那些美景是我记忆里最宝贵的“珍珠”，它们让我觉得世间如此美好，自己的烦恼如此渺小。

后来因为我做事认真、精益求精，自身的综合素质水平高，我成了“导游界”的传奇——学历最高、综合素质强的导游。以至于但凡有重要的企业客户的出行游玩活动，必被重点邀请出面接待。出场费也很可观。

没错，我变得独立并靠兴趣赚钱。

“白天多赚钱，晚上多读书。”有空多读书，没事多赚钱。不想上班了就算算账，心累的时候就看看书，让文字的力量，抚慰你躁动的灵魂。时刻保持独立的能力。

3. 学会如何去爱

年少时不懂如何去爱，当懂得的时候，已经不再年少。

现在我变得比以前都要温柔，懂得体贴，说话柔声细语，常常感恩和感谢身边的人。

现在爱一个人，不太计较回报。因为付出感情是自己愿意的，并不强求对等回报，只希望做能让他幸福的事情或者他幸福就好。

如果不知道明天会怎么样，感情可以随时止损，也可以自负盈亏。

争不来的事不必争，等不来的人不必等。

不是所有美好的东西和人都能得到。得不到的，如果你真心喜欢过、爱过，那就祝福他！同时，离开的时候，告诫自己不要哭的太难看。

感情总会有阴晴圆缺，受过的伤，会让你成长。而那些伤痛，只是在提醒你，你要狠狠地幸福下去。

越成熟，越知道，爱而不得是人生常态，事与愿违也是人生常态。

做事，很难都能求仁得仁；感情，很难以心换心。

攒够了失望就沉默地放手，别再和烂人烂事纠缠；受过伤害就沉默地离开，别把自己的宝贵光阴浪费。

余生很贵，请务必好好爱自己。与其卑微做事，不如高调做事；与其卑微爱人，不如高调宠己。

此生，只为值得的人和值得的事情付出，看淡世事沧桑，内心才能安然无恙。

村上春树在一首诗里面说："你要做一个不动声色的大人了，不准情绪化，不准偷偷想念，不准回头看。去过自己另外的生活。你要听话，不是所有的鱼都会生活在同一片海里。"

这句话送给大家，学会做一个"大人"，学会成熟，学会爱自己，学会爱别人。

以上，我分享了三个我感受到的，也是最有感触的，那些活得洒脱的人拥有的三个本事——忠于自己；拥有独立和赚钱的能力；学会如何去爱。

长得漂亮是优势，活得漂亮是本事。活出生命的质感。

好看的皮囊千篇一律，有趣的灵魂万里挑一。那如果你能做到既好看又有趣的人，岂不是更好更完美？

希望我们，在岁月的打磨下，一路跌跌撞撞，没有变得世故圆滑，反而活得越来越像自己本来的面目，简单、通透、洒脱。

6.4　职场父母该如何平衡工作和生活

【主题：如何平衡工作和生活】

不久以前，我们的秦牧歌也成为职场妈妈中的一员，孩子刚刚七个月。现在，她在一家国企的分公司上班，职位为人事行政经理，从公司的项目建立初期到今天也有两年半了。但是，由于项目即将结束，分公司不久将解散，员工也会分配到其他地区工作。因为大多数项目在外地，所以没有其他本地区的内部职位可供选择。

于是她有了跳槽的打算，并且也开始找寻新的机会。

她去一个即将要开业的公司面试了，工资略高，工作量巨大，但是肯定会学到更多、更全面的东西。面对新工作的挑战，她问我是否应该跳槽？她更困惑的是面对幼小的孩子，职场父母该如何平衡工作和生活？

【解惑】

父母之爱子，则为之计深远

以下是给天下所有职场父母的，也是给我自己的育儿心得。

在人力资源这个行业，一直有一个奇怪的现象，女性 HR 能做到人力资源总监的有两种：一种是二十多岁不超过三十岁就早早结婚生子的女强人；另一种是三十八九岁还单身着的女强人。无所谓好坏，各有各的生活，各有各的取舍。

我是到适婚年龄就结婚生完孩子的。

即使我是很重视家庭的女性，但是依然支持女性不要做全职主妇。女人无论赚多赚少，都应该有自己的工作和事业。如果有机会有条件，应该在事业上拼一把。

在孩子半岁的时候，我休完了产假回到了工作岗位，而孩子就被送到了外地由爷爷奶奶抚养。三岁前，基本是母子分离的状态，对此那些和我同期怀孕生子的同事很不理解，问我："怎么忍心？难道不想念他吗？"她们是做不到的。

我当时的回答是：“父母之爱子，则为之计深远。”（这句话出自《战国策·触龙说赵太后》。）父母对孩子最大的爱，是为孩子的长远考虑，把孩子的未来都考虑好。

把自己的能力提升了、工作发展好了，储备足够的经济条件，以为孩子的未来做好准备。在这不得不分开的时间里，为未来做了充分的储备。

在时间还充足的情况下，我把自己变得更加优秀和强大，为他未来的成长、读书学习准备更好的物质资源，我还要把自己变成他未来的榜样。

后来，我朋友就把我这句话“父母之爱子，则为之计深远”变成了激励她自己的 QQ 签名了。

我家孩子三岁那年，跨越大半个中国来深圳找妈妈，回到我身边。刚开始也是很胆怯，对我很陌生，常常躲在奶奶身后偷偷地打量我，也不敢太亲近。普通话说得不是很好，有很重的地方口音，有点自卑也不懂表达自己，还有爱动手打人的坏习惯。

长期的分离，也给我们夫妻与孩子之间留下巨大的遗憾，我们努力地用后来的时间加倍弥补。

作为母子，我们血浓于水，在相处的时间里，我真心地爱护他，喜欢他，为他付出；喜欢看到他，喜欢跟他一起玩；总是变着法子给他买一些好吃的零食和有趣的玩具……以真心换真心。渐渐地，我们的亲子关系基本修复了，互动良好。孩子性格也活泼、开朗、大方了，普通话也越来越好，情商、智商表现都超出我的期望。这个孩子，真是上天赐我的天使一样的礼物。

关于职场父母与孩子的相处，分享以下几点。

1. 陪伴不在乎时间长短，而在于质量

虽然我每天上班都很忙，但是，一下班，就会陪孩子读书、玩耍、给他洗澡，而且哄他睡觉的人必须是我。抚养和陪伴不假手于人。

时间虽然有限，但是质量一点也不低。我给他讲故事。我要求，我讲完以后，他重复讲给我听一下，这样锻炼他的表达能力。我每天都会跟他聊天，必问：今天在学校怎么样啊？开心吗？有什么特别的事情吗？一旦有异常，会与老师沟通，相互配合，做好孩子的教育和引导。

我老公在外地工作，鲜少回家。有孩子陪伴，感觉很幸福。

我的孩子是个暖男。有一天我写文章写到凌晨一点多，他懵懵懂懂地睡醒了爬下床来摇摇晃晃往前走，我怕他摔倒，就蹲下身张开双臂，问他要喝水还是上厕所。结果他抱起我的脑袋，在我鼻翼的地方深深地亲了一口，并让我早点睡。

2. 要给孩子最好的爱，成为孩子的榜样

平时孩子上幼儿园，我上班，我们各自努力。我鼓励他，要好好努力读书，将来可以像爸爸妈妈一样，做个有用的人。

我说，孩子，你不努力读书，只有一身的力气赤手空拳与世界对抗；你读书了，有了知识，才拥有更大的知识的力量做对世界有影响的事情。

不管他听不听得懂，我就是这样言传身教的，一切只为孩子好。在教育和讲道理这方面，我一直默认他有足够的智力，能够听得懂，听得明白。

原则和责任归属要清晰，读书上学是他的事情、他的任务。引导他自发地喜欢上学和看书。他最怕我说“去学校退学费”。

父母是孩子的榜样。如果希望孩子以后好，父母就要更加努力，做他的榜样。只有自己足够优秀，孩子才会学习和模仿，才会成为像父母一样了不起的人，甚至超过父母。

我不希望，我自己放弃努力，再把梦想和未来寄托在孩子身上，让他小小的肩膀背负我给的压力，为我的失败买单。

自己的目标自己去做到。我想实现的梦想，就通过自己的努力去实现。而孩子只要负责健康、快乐地成长，做他自己想做的人，过他以后想过的生活就好了。孩子的路由他去选择。

前不久，孩子幼儿园的老师说，我家孩子一提到我，一见到我，就特别自信、特别自豪。我很欣慰，让他满意我这个不太“负责任”的妈妈。

父母优秀，孩子自然也不会差。

3. 懂得放手，让孩子可以走得更远

世上大多数的爱都是以聚合为目的的，唯有父母对孩子的爱，是以分离为目的的，要懂得放手。

爱孩子，就无条件地接纳、坚定不移地支持他，给他分享一些人生经历和建议，帮他建立正确的价值观，让他健康成长，并且拥有照顾自己生活和掌控自己人生的能力，最终自由独立地生活并成就自己。

父母对孩子最负责任的爱，是帮他树立是非对错的原则，成为一个品行良好的人。同时，帮助他一点一点地拥有可以独立生活的能力，可以自己选择人生道路的能力，可以走得更远的能力，使他能够去到自己想去的任何地方。

4. 支持和信任孩子，帮他培养处事能力

我其实不是一个细心负责的妈妈，有的时候还不太像个妈妈。我只是选择支持和信任孩子，帮他培养一些处事能力。

例如，出去散步时，如果离家不远，我就鼓励孩子，让他带我回家。我们去了深圳的大部分公园，我常常会让他带领我在公园内玩，由他领导我，安排我们玩耍的路线和时间……

通常游玩结束后，他会检查下物品有没有带齐，偶尔还会提醒我，妈妈，包忘记拿了……

这孩子也是有责任感的。自己带玩具出去玩，去到哪里都不会忘记，不会弄丢，基本上能带回来。自己的东西看得很好。

出去玩，要买什么他自己决定，我都让他选择，让他去交钱付款，拿走时跟店主说“谢谢”。

他很小的时候，我就让他自己做生活中的选择。有时，我会先帮他厘清思路，再让他自己做判断。遇到小朋友之间的纠纷让他尝试自己去处理。

有时，我会故意装作什么都不懂，依靠他来当家做主。我很少帮他做决定，只提供建议和选项。

因为我知道，我不能一辈子都守护他，所以，在我目光所及的地方，我都支持他去做更多尝试，获得更多的体验。

孩子在父母身边犯错不可怕，可怕的是被保护得太好，一旦骤然独立，再去试错，成本更高，代价更大。

5. 让孩子拥有自己的生活

作为父母，要舍得让孩子独立，去拥有自己的生活。同时，父母自己也应该活得精彩，不应该成为孩子的负担。这样的父母，看似不够尽责，但不失为好父母。

因为，孩子会长大，会有他的未来、他的生活、他的精彩。我所能做的就是不让他有后顾之忧，过好自己的生活。不要给孩子太多压力和阻碍。

父母为年幼的孩子牵肠挂肚的时候太多了。但愿以后日渐年老的我们不让孩子牵肠挂肚，不要成为他的负担。在孩子需要的时候，父母随时可以到场，支持他、关爱他；在孩子不需要父母的时候，父母也能过得独立而精彩。

让孩子"海阔凭鱼跃，天高任鸟飞"。让我们做孩子的铁杆粉丝。

总之，每个孩子都是父母成为超人的动力，是疲惫生活中疗愈的良药。

每每回到家看到孩子，那笑起来的小酒窝、可爱地跑过来求抱抱的样子，我都会被融化，也会觉得在外面的辛苦、疲惫、不开心都会一扫而光。一切都在向好的方向发展。

所以，同样作为一名职场母亲，我建议你遵从自己的内心做选择——条件可以的话平衡好孩子的养育问题再去勇敢接受新的挑战。在职场接受新的挑战，可以获取更多的精神财富滋养自己，做一个有趣的、有上进心的加分妈妈，而不是保姆式的、单调无趣的减分妈妈。

为了自己和孩子，我们都应该更努力，更尽力地去工作和生活。总会有办法平衡工作和生活的，可以借助家里老人的力量。

每个家庭的情况都不一样，你要综合考虑自身情况，合理安排工作和家庭。孩子的事情是大事，请量力而行。

在工作中，做好自己的事情，因为孩子更需要的是榜样，一位优秀有魅力的妈妈。

陪伴注重的是质量，而不只是时间长度，在有限的时间里全身心地陪伴，和孩子一起做对孩子的成长有价值的事情。

父母之爱子，则为之计深远。作为父母，为孩子做的最了不起的事情，就是让自己优秀起来。这对个人、家庭、社会都是最有价值的。孩子会以你为荣，向你看齐的。

6.5　关于学习成长的经验和故事

【主题：学习成长】

转眼间，秦牧歌也跌跌撞撞地工作了很多年了。随着她的经历增长，她变得越来越成熟和通透。

只是，她对我的学习成长的经验和故事充满了困惑。

【解惑】

我的学习成长

我出生在湖北的一个历史文化名城，是“曾侯乙墓编钟”出土的地方。我生活的小镇，据说是中华始祖黄帝神农氏出生的地方，也就是“尝百草”的那位。我的家乡到现在还保留着神农洞穴的遗址。那里是一块风水宝地，人杰地灵。

我生长在一个幸福美满的家庭中，父母感情融洽。父亲曾经是军人，退伍后成为商人，对我们管教严格，尤其注意我们意志品格的锻炼、独立自强的意识还有生存能力的培养。我妈妈是个善良贤惠的家庭主妇，印象里她总是在黄昏的时候坐在小楼门外的木头椅子上，织着毛衣等我们放学回家。她教会我宽容、善良，待人友好、和睦相处。

我在家中排行居中，是最没有存在感的那个。所以，我好强又总是没有安全感，总希望被重视，总是渴望安全感，并且避免一切不可控制的危险。不可否认，我很努力。我很努力地想自主掌控人生，主导自己的前途和命运。

所以，我总是在一个目标到另一个目标间向前行进，像行军打仗一般，目的感很强，纪律严明。金牛座的固执体现在我对想做的事情的无比执着上。并且，我超级喜欢这种一步一个脚印征服并“升级打怪”的快感。

想象不到的是，就像去撒哈拉的那位作家三毛书里写的那样，误打误撞，一片梦境，竟然成真。从偏远小镇走到一线城市的我，为拥有今天这样的生活状态和这么多朋友的支持和认可而知足。

回首往昔，那些重要的时刻或片段一再浮现。

1. 通过HR这个职业，我学到很多

刚出社会懵懵懂懂，别的不会干，公司就扔给我招聘的活。后面再找工作，就理所当然地都找人力资源管理的工作了，毕竟对这一块还有点基础。

其实，以前上学并没有学习人力资源管理，当时所选学校没有这个专业。但是做了这一行，我就觉得，无论怎样，都不想一直被当成打杂的，一定要足够专业，所以缺什么补什么，一直在学习人力资源管理理论知识。通过企业人力资源管理师的理论学习，我奠定了扎实全面的理论功底。

实践上，日常工作中不可能什么情况都被你遇到，要是等着遇到事情再学习如何解决，就"远水解不了近渴"了，处理不当会让你悔之晚矣。

所以，从很早开始，只要一有时间，我就上网学习。我每天通过一个案例、一个主题问题解决方法，学习别人解决问题的思路和方法，如劳资纠纷的处理方式和手段等。日积月累，遇到事情后那些解决思路、办法和主意自然而然就出来了，内化成了自己的能力。

2. 最迷茫、最孤单的日子该怎么度过

做HR真心不容易。相安无事的时候，HR没有存在感并不受重视，老板只觉得你是花钱的，同事觉得你事多。一遇到事情，"黑锅"总会砸到HR头上，百口莫辩。HR有时还兼做行政人员，被不懂人力资源管理的领导瞎指挥，充当文员使唤……HR难免会迷茫、失落，不知前路在何方。

那个时候，真的需要以一种"破茧成蝶"的勇气和毅力，坚持突围和找出路，拼命摆脱困局。

虽然，有时职业生涯的开端并不美好，但是，我们可以努力让过程和结局美好起来。

在最迷茫、最孤单的日子，我总觉得自己应该学点什么、做点什么，不能就此沉沦。年纪轻轻怎能一直抱怨下去、烦躁下去呢？

那时候，我有空就看书，让自己安静下来，压抑消极的情绪，不去抱怨和烦躁，所以看了不少书，懂得不少道理。

偶尔还喜欢找几场考试自虐一下——我考了好多证书，除了与人力资源

管理专业相关的证书，还有导游证、领队证、驾驶证、心理咨询师证、普通话证、经济师资格证。朋友打趣我，可能除了山东南翔的挖掘机资格证，其他的可能我都有。

其实这些证书看起来博而不专，实际上都是有规律可循的，全因我想做最专业的高新技术企业的 HR。

能走到今天，依靠的是理论知识的学习，还有实践上的全方位实践。我在招聘、培训、员工关系、绩效、薪酬、人力资源全盘管理上有充分实践。理论和实践，两方面的准备，一个都不能少。

知道自己未来想去的目的地，然后，一路播种耕耘。时间到了，收获是水到渠成的事情。

未来的你会感谢今天拼命努力的自己的。

3. 在最好的时光里绽放光彩

人的努力，积累到了一个阶段，就会绽放出色彩。

通过努力，家庭、工作会一切顺利，连带着颜值、气质都会上升。

通过写作，我被读者抬爱，得到其他大咖的关心和鼓励，我非常感恩。这些努力还给我带来了许多荣誉，我不胜感激。

这些年，通过做 HR，我磨掉了周身的棱角，变了很多，也成长了很多。从以前的“人来疯”，变得不喜欢与人过分亲近，因为不知道哪天要辞退某个人；从以前的直来直去，变得委婉含蓄，因为不确定哪里有“暗箭”。

唯一欣慰的是，我身边的朋友说我，既看得清楚人情冷暖和世态炎凉，但又保留本心，内心纯粹，灵性尚在。这让我很快乐，感谢生活。到现在，我依然是一个简单的人，只想做正确的事情，把事情做好。对人对事都不亏欠，心安理得，知足常乐。

也许这就是我要的最佳的“岁月静好”的状态吧，就是内心平和，不亏欠。

回首往昔，你走过的那些泥泞的路，其实早已因为你播下的种子而变得灿若莲花。

后 记

很幸运，我一毕业就从事人力资源管理工作，而且一做就是十多年。这是我喜欢的职业，符合我对职业的期望。我也很欣赏和认可做人力资源管理工作的小伙伴们，很荣幸与这样优秀的你们一路同行。做人力资源管理工作的这个群体，大多数人都很好学，我深深感受到了大家对工作和生活的殷切希望和一片热忱。

我一直希望自己能尽绵薄之力多一些分享，给大家多一些帮助，履行自己与百万名 HR 共同成长的诺言。

在职业发展过程中，每个人在某些时刻可能期待能有名师指路。有人教该多好啊。我虽不算“名师”，但也大言不惭地写了这本书，希望成为大家的专属良师益友，于迷茫中提供一点参考意见。

一个秦牧歌，代表千千万万的职场人，代表百万名 HR，她经历过职场的起起伏伏、生活的柳暗花明，始终有坚定的方向和正确的观念，她会很幸福。知足常乐。

书到尾声，我不想用各种各样的成功和成就来包装她的结局。因为，在我看来，她拥有这样的工作经历，就是精彩的，也是成功的。

在这个过程中，她成长了、成熟了。内心坚定，心态坦然，对生活有自己独到的领悟。这就够了，已然是人生的一笔宝贵财富。

这本书是我的第二本书，写作和出版的过程都很顺利。

整体写作的过程很充实，也很开心的，书里面的每章内容都曾得到大量读者的反馈，是比较精华的一些文章。可以说从第一章到最后一章的主题文章，均是匠心呈现、精雕细琢的诚意之作。

本书得到各大人力资源服务商的支持，以及人力资源圈的大咖和知名企业家的联名推荐，是一本值得一读的人力资源管理书籍。感谢他们的大力支持！

非常感谢各位读者的一路支持！我希望能通过文字，传递一份正能量和对未来的美好愿景，送出我对职场奋斗的朋友们的一份祝福。

起初，我只想要一滴水，而你们给我整个大海；我只想要一片落叶，而你们给了我整个森林。

认真工作和生活，体会每个人生阶段的体验，希望与大家继续相伴。

还是那句话，你必须非常努力，才能看起来毫不费力。但凡不动声色就把问题解决的人，一定是经过千锤百炼的，都是“狠角色”。

也许，我们的过去、现在可能都不够辉煌，但是，如果能够成为自己想成为的那种人，内心富足，有家、有爱、有未来，就会觉得幸福美满。

认认真真地过好自己的生活，把握好自己的工作。关注自身成长，不断地改正和完善自己，未来无论世事如何刁难，我们都可以从容面对，淡定微笑。

未来并不遥远，只要你相信，并坚持走下去，一定会到达梦想的彼岸。未来，会为你而来。

李远婷

写于深圳